WIE MÄNNER SICH VERLIEBEN

Wie du einen Mann in dich verliebt machst und ihn dauerhaft an dich bindest.

Besuchen Sie mich im Internet:
www.danny-adams.de

1. Auflage

Herausgeber: Change-Media UG (haftungsbeschränkt)
Autor: Danny Adams

Verlag: Bluepoint Publishing Limited
Herstellung: tredition GmbH, Hamburg
ISBN: 978-3-03799-302-6
Printed in Germany

Bild: Tiefer Blick in die Augen. © Robert Kneschke – Fotolia.com

Bibliografische Information der Deutschen Nationalbibliothek
Die Deutsche Nationalbibliothek verzeichnet diese Publikation in der Deutschen Nationalbibliografie;
detaillierte bibliografische Daten sind im Internet über
http://dnb.d-nb.de abrufbar

Inhaltsverzeichnis

Vorwort

Es war ungefähr Anfang Dezember 2009, als zum ersten Mal klarwurde, dass dieses Buch, das du gerade beginnst zu lesen, einfach entstehen muss.

Wir führten in unserem Persönlichkeitsentwicklungs-Unternehmen eine Umfrage darüber durch, welches Thema unsere weiblichen Leserinnen momentan am meisten beschäftigt. Von über 4000 Frauen, die an dieser Umfrage teilgenommen haben, wollten 71 % (!) genauere Informationen darüber haben, wie man einen tollen Mann bekommt und es schaffen kann, ihn dauerhaft an sich zu binden.

„Danny, bist du dazu in der Lage, solch einen Ratgeber zu verfassen?", fragten mich meine Teammitglieder. Ich antwortete intuitiv zuerst einmal: „Na ja, ich bin ein Mann, wie ihr wisst. Und ehrlich gesagt habe ich noch niemals einen Mann verführt. Wie soll ich also Frauen wirklich dabei helfen können, einen Mann zu verführen und ihn dann auch noch dauerhaft zu an sich zu binden?"

Doch von diesem Tag an hat mich der Gedanke nicht mehr losgelassen, dass sich viele meiner Kundinnen mit diesem Problem konfrontiert sahen. Ich bestellte mir noch im selben

Monat so ziemlich alle Ratgeber, die ich über dieses Thema finden konnte.

Da ich bereits seit fünf Jahren erfolgreich Verführungs-und Beziehungstrainer für Männer war, die gerne lernen wollten, Frauen besser verführen zu können, kannte ich die gesamte Thematik bereits von der anderen Seite und wusste wohl besser als so ziemlich jeder andere Mensch, wie wir Männer in dieser Hinsicht ticken, warum wir uns für eine Frau entscheiden und warum nicht und warum wir uns manchmal so seltsam verhalten, wie wir uns eben verhalten.

Etwa zwei Monate später bot ich in diversen Internetportalen die ersten 20 kostenlosen Coachings für Frauen zu diesem Thema an. Und es wurde (überraschenderweise) sehr schnell klar, dass das Ganze einschlug wie eine Bombe. Oft konnte ich den Frauen sogar sehr viel besser helfen, als es eine andere Frau hätte tun können, was ich vorher niemals für möglich gehalten hätte.

Der einfache Grund: Ich kenne die Männer wie kaum ein Zweiter. Bis zum heutigen Zeitpunkt habe ich mit etwa 600 Männern persönliche Einzelcoachings durchgeführt, Tausende bei Live-Workshops trainiert, und als ich dann begann, Frauen aktiv dabei zu helfen, Männer zu bekommen und an sich binden zu können, musste ich meist fast nichts weiter tun, als aus meiner gesamten Erfahrung mit der männlichen Psychologie zu berichten.

Auch wenn es aufgrund der heutigen Emanzipation und Gleichberechtigungswelle politisch völlig inkorrekt erscheinen mag, was ich nun schreibe: Männer und Frauen sind in ihrem Denken sehr unterschiedlich! Und das ist auch gut so.

In einer perfekten Liebesbeziehung ergänzen sich beide Partner. Sie spielen keine Spielchen gegeneinander. Auch wenn ich schreiben würde, sie würden miteinander spielen, wäre das falsch ausgedrückt.

Du als Frau und er als Mann in einer tollen Liebesbeziehung:

Ihr ergänzt euch!

Er lebt die männliche Rolle, und du lebst deine weibliche Rolle. Und erst dann kann eine harmonische Liebesbeziehung entstehen, die dauerhaft hält und sich für beide Partner absolut erfüllt und richtig anfühlt!

Aber was genau ist die weibliche Rolle? Solltest du etwa ab sofort damit anfangen, Strategien auszutüfteln, und deinen Mann mithilfe von irgendwelchen Taktiken planmäßig dazu bringen, sich immer mehr in dich zu verlieben und diese Liebe auch aufrechtzuerhalten?

Nein, ganz sicher nicht!

Was du zuerst einmal benötigst, ist Folgendes:

1. Das genaue Wissen darüber, wie wir Männer funktionieren, damit du weißt, wie du uns richtig „anpacken“ musst.

2. Den richtigen Umgang mit dir selbst, deinen Emotionen, Gefühlen und vor allem deiner Weiblichkeit.

Wenn du dieses Buch erst einmal zu Ende gelesen hast, wirst du ganz genau über diese beiden elementaren Punkte Bescheid wissen. Die meisten Frauen wissen das leider nicht und werden es auch niemals wissen.

Vielleicht musstest du in deinem bisherigen Liebesleben schon die eine oder andere Enttäuschung hinnehmen oder hast bereits schmerzliche Erfahrungen hinter dir. Vielleicht hast du sogar überhaupt kein Problem damit, generell Männer zu verführen, aber bei „diesem einen tollen Typen“ scheint es einfach nicht zu klappen …

Mit dem Wissen aus diesem Buch kannst du dir in Zukunft viele Enttäuschungen und Misserfolge ersparen. Ich kann dir nicht zu 100 % versprechen, dass du nicht auch in Zukunft manchmal auf den Anruf von einem tollen Mann warten wirst oder dass dein Partner sich immer genau so verhält, wie du es dir wünschst.

Aber du wirst gelassener sein als vorher. Du wirst Möglichkeiten an der Hand haben, mit denen es dir viel einfacher gelingt, einen Mann so fest an dich zu binden, dass er sich unglaublich glücklich bei dem Gedanken fühlen wird, dich an seiner Seite zu haben.

Falls du dieses Buch liest, weil du deinen Expartner zurückgewinnen möchtest, dann lade dir bitte hier noch unbedingt das kostenlose Ebook „Wie gewinne ich meinen Ex Zurück“ herunter:

www.ex-zurueck-gewinnen.de

Du erfährst darin völlig kostenlos, in welchen Situationen es aussichtsreich sein kann, den Expartner zurück zu gewinnen und welche Fehler du vermeiden solltest.

Zehn Minuten, bevor ich begann, dieses Buch zu schreiben, erhielt ich eine E-Mail von einem guten Bekannten, dessen Freundin ich vor etwa sechs Monaten am Telefon eine Stunde lang beraten hatte. Zum Abschluss dieses Vorwortes bin ich sehr stolz darauf, dir diese Zeilen (mit geänderten Namen) in aller Kürze präsentieren zu dürfen:

> *„Hi Danny, ich find's klasse, dass du jetzt ein Buch für Frauen schreibst. Ich glaub, Annika hat wohl vorher schon ein paar Tipps bekommen von dir, oder? lol Wir sind seit ein paar Wochen glücklich zusammen, und ich werd das Gefühl einfach nicht los, dass DU damit irgendwas zu tun hast :-).*
>
> *Nun ja, wir können beide die Finger nicht mehr voneinander lassen und bekommen gar nicht genug voneinander.*
>
> *Ich wünsche dir erst mal viel Erfolg beim Fertigstellen. Ich bin sicher, dass dieses Buch sehr vielen Frauen helfen wird. Annika schreit grade, dass sie das allererste Buch haben will, egal, was es kostet.*
>
> *Oje, dann kann ich mich wohl noch wärmer einpacken. lach Lg, Holger"*

Kapitel 1

Unglaubliche Wahrheiten über Männer, die für die meisten Frauen (leider) immer ein Geheimnis bleiben werden

Ich kann ihn doch jetzt nicht wirklich anrufen. Du hast doch selbst zu mir gesagt, dass es meistens besser ist, den Mann dazu zu bringen, mich anzurufen."

Nicole war ganz verwirrt. Sie befand sich erst seit ca. 30 Minuten in meinem Privatcoaching, und ich verlangte allen Ernstes von ihr, jetzt genau den Mann anzurufen, von dem sie schon seit Tagen all ihren Bekannten erzählte. Ihre beste Freundin wusste Bescheid, im Grunde wussten alle Bescheid, die ihr wichtig waren.

Nur er hatte noch keinen blassen Schimmer.

Und das war sicherlich auch ganz gut so. Nicole hatte bei ihren bisherigen Bemühungen um diesen Mann einige Fehler gemacht. Er würde sie also vermutlich nicht anrufen.

„Nicole, es ist extrem wichtig, dass du die oberste Regel verstehst, wenn es darum geht, einen Mann zu verführen. Und diese oberste Regel lautet:

Es gibt viele gute Regeln, um einen Mann zu verführen. Aber es wird immer wieder einmal ein Punkt kommen, an dem du alle Regeln brechen musst!"

Jetzt wurde sie völlig nervös. „Und was genau soll ich sagen?“

Und genau an diesem Punkt, liebe Leserin, möchte ich gerne aus der Geschichte mit Nicole aussteigen und damit beginnen, mit dir gemeinsam auf eine aufregende Reise in die Tiefen der männlichen Psyche zu gehen. Wenn nämlich eine Frau zu uns Männern sagt: „Euch Männer kann man manchmal echt nicht verstehen.“ Dann sind wir Männer meistens dazu geneigt, nicht einmal wahrzunehmen, dass eine Frau das auch ernst meinen könnte. Schließlich glauben wir, dass es an uns nicht viel zu verstehen gibt.

Die allerwenigsten Männer beschäftigen sich mit ihrem eigenen Wesen, und die meisten denken niemals in ihrem Leben besonders darüber nach, wer sie eigentlich genau sind und wie man am allerbesten mit ihnen umgeht.

Das ist auch keineswegs weiter tragisch. Ich erwähne diesen Punkt hier nur ganz zu Anfang, damit du für dich selbst einfach weißt, dass du niemals von einem Mann verlangen solltest, dir zu erklären, wie er funktioniert. Denn er weiß es in den allermeisten Fällen selbst nicht.

Nun lass uns mit einigen Wahrheiten über Männer beginnen:

A. Männer sind komplett andere Wesen, wenn sie unter sich sind und keine Frau in Reichweite ist!

Wie ist es denn bei dir, liebe Leserin, wenn du und deine beste Freundin bzw. deine besten Freundinnen gemeinsam einen Frauenabend macht? Es sind keine Männer dabei, und ihr seid komplett unter euch. Seid ihr dann ganz genauso, als wenn Männer dabei wären? Jetzt bitte ganz ehrlich und Hand aufs Herz, wir sind hier unter uns. ;-)

Wird nicht auch ein wenig mehr über Männer gelästert, als wenn sie dabei wären? Sind nicht alle ein bisschen offener untereinander, wenn kein Mann mithört? Werden nicht viel intimere Dinge besprochen in einer Runde, die rein aus Frauen besteht? Kann es nicht zwischendurch auch viel lustiger sein, wenn absolut kein Mann in der Nähe ist und ihr euch als Frauen ganz frei entfalten könnt?

Nehmen wir kein Blatt vor den Mund: Natürlich ist es so! Es gibt einfach Gesprächsrunden, in denen ein Mann nur stören würde, weil er vermutlich sowieso nicht kapieren würde, worum es jetzt geht, oder kein Verständnis dafür hätte.

Und ganz exakt so geht es uns Männern, wenn wir uns zu

zweit oder in einer größeren Gruppe treffen und keine einzige Frau in Reichweite ist. Es kann sein, dass die nächsten paar Zeilen für dich nicht die allerschönsten in diesem Buch sein werden, doch ich möchte ganz offen klarstellen, worüber Männer in solchen Situationen reden:

Sport, Sex, Brüste, Hintern, Intrigen, Macht, Politik und natürlich auch ganz nebenbei über ganz normale Dinge. :-)

Manche Männer mögen nach außen hin etwas anderes behaupten, wenn sie mit Frauen darüber sprechen. Doch du kannst dir ganz sicher sein, dass selbst der liebste Mann der Welt in seinem tiefsten Inneren immer noch Dinge versteckt hält, die er keiner einzigen Frau, die er mag, gerne sagen würde. Und das ist auch gut so. Denn eine Frau, die von einem Mann verlangen würde, dass er sich ihr gegenüber ganz genauso verhält wie gegenüber seinen männlichen Freunden, hätte einen Mann an ihrer Seite, den sie eigentlich überhaupt nicht will.

Dies hat übrigens rein gar nichts mit zwei verschiedenen Seiten zu tun, die ein Mann hätte. Es ist eine völlig gesunde Sache für einen Mann, zwischendurch mit seinen Kumpels herum zu grölen, um danach zu seiner geliebten Freundin nach Hause zu gehen und sie zärtlich in den Arm zu nehmen.

B. Männer befinden sich immer und ständig im Spiel um den höchsten sozialen Status!

Das mag für dich vielleicht etwas merkwürdig klingen. Aber uns Männern ist es enorm wichtig, bei einer Frau die absolute Nummer eins zu sein. Allerdings nicht nur bei einer Frau. Auch bei der Arbeit, im Sport, im Freundeskreis, bei Festlichkeiten und bei so gut wie allen anderen sozialen Interaktionen ist es für uns Männer von entscheidender Bedeutung, die Nummer eins zu sein. Das sogenannte Alphatierchen.

Warum ist das so?

Nun, die menschlichen Gehirne haben sich über viele Jahrtausende immer weiter entwickelt. Doch für das menschliche Überleben war es über viele frühere Jahrtausende hinweg eine essenziell wichtige Eigenschaft, in einer Menschengruppe an erster Stelle zu stehen.

In der Steinzeit lebten die Menschen in Gruppen von meist 40 bis 80 Personen zusammen; das nimmt die Wissenschaft zumindest an. Und es gab damals keine Berufe wie zum Beispiel Finanzberater, Tierarzt, Rechtsanwalt, Verkäufer … es ging rein ums Überleben. Und überlebt haben nur die Stärkeren. Vor allem aber:

Welche Männer haben damals die Frauen abbekommen?

Natürlich die stärkeren. In der damaligen Zeit war es für Frauen absolut überlebenswichtig, einen starken Mann an der eigenen Seite zu haben, der sie vor Säbelzahntigern, anderen Männern und dem Verhungern beschützte, und deshalb brauchte eine Frau einen durchsetzungsfähigen und starken Mann, der in der Gruppe an erster Stelle stand oder wenigstens ganz weit oben im sozialen Gefüge.

Es mag sein, dass es IN 200.000 Jahren einmal ganz anders aussehen wird. Aber heute ist es immer noch eine Tatsache, dass wir Männer beinahe automatisch daran interessiert sind, den höchsten Status innerhalb einer Gruppe zu erlangen. Natürlich ist das irrational. Doch es erklärt häufig, warum sich Männer in sinnlose Schlägereien verwickeln lassen und in bestimmten Punkten stets versuchen, „der Beste“ sein zu wollen, obwohl es oft keineswegs notwendig ist.

Im nächsten Abschnitt beleuchten wir ganz genau, warum dieses Wissen für dich so extrem wichtig ist, wenn du es schaffen willst, einen tollen Mann wirklich an deiner Seite zu halten.

C. Männer stehen ständig unter Erfolgsdruck, und du kannst entweder richtig oder falsch damit umgehen!

Natürlich gibt es Männer, die diesen Erfolgsdruck recht krankhaft ausleben. Ein halbwegs kultivierter Mann sollte für sich selbst gelernt haben, dass er auch zwischendurch zurückstecken muss und dass es einen Gentleman ausmacht, mitunter einfach den Mund zu halten und nicht der Beste sein zu wollen.

Von diesen Männern mit krankhaftem Verhalten möchte ich jetzt allerdings nicht schreiben. Meine Vorannahme, mit der ich dieses Buch schreibe, geht davon aus, dass du einen wirklich tollen, interessanten und halbwegs selbstbewussten Mann suchst oder halten möchtest und von irgendwelchen Schlägertypen oder gewaltbereiten Idioten sowieso Abstand nimmst.

Das ist doch so, oder?

Falls nicht, dann ist jetzt der Zeitpunkt gekommen, an dem du verstehen solltest, dass solche Männer nicht die richtigen für eine langfristige und kultivierte Liebesbeziehung sind.

Aber selbst die kultiviertesten und selbstbewusstesten Männer haben diesen inneren Erfolgsdruck in sich, ein „toller Typ" sein zu wollen. Immer und ständig! Was aber bringt dir dieses Wissen? Nun, beschäftigen wir uns jetzt damit, wie du mit diesen Tatsachen falsch oder richtig umgehen kannst, und vielleicht entdeckst du ja Fehler in deinen vergangenen Verhaltensweisen bzw. Punkte, die du richtig gemacht hast.

WIE DU FALSCH MIT DEM MÄNNLICHEN ERFOLGSDRUCK UMGEHST UND SCHNELL DAFÜR SORGST, DASS SICH EIN MANN VON DIR UNVERSTANDEN ODER SOGAR VERLETZT FÜHLT:

Wir Männer lieben es, wenn sich eine Frau scherzhaft (!!!) mit uns über etwas lustig macht. Wir lieben es sogar, wenn sich eine Frau mit einem Witz (!) ein wenig über uns lustig macht. Aber sobald eine Frau dies ernst meint oder nicht signalisiert, dass es sich gerade um Spaß handelt, verletzt es uns im tiefsten Inneren, ganz egal, was für harte Burschen wir nach außen hin sein mögen.

Wenn du einem Mann also mit irgendwelchen Worten oder Taten signalisierst, dass er:

- ständig Fehler macht,
- nicht gut genug für dich ist,
- keinen Respekt von dir verdient hat,
- in vielen Bereichen nicht so gut ist wie andere Männer,
- nicht angemessen für dich oder die Familie sorgen kann,
- nicht so attraktiv ist wie andere Männer,

wird er sich in deiner Nähe nicht als „echter Mann“ fühlen können.

Und mit Sicherheit kennst du selbst das Gefühl, wenn du einen Mann an deiner Seite hast, bei dem du dich einfach als „Frau“ fühlen kannst, oder nicht? Und genauso ist es bei uns Männern. Ein Mann muss einfach unbedingt das Gefühl haben, dass du als Frau erkannt hast, dass es sich bei ihm um einen „richtigen Mann“ handelt.

WIE DU RICHTIG MIT DEM MÄNNLICHEN ERFOLGSDRUCK UMGEHST UND DAMIT GANZ EINFACH DAFÜR SORGST, DASS SICH EIN MANN VON DIR VERSTANDEN FÜHLT:

Es ist eine unweigerliche Tatsache:

Wenn eine Frau einen Mann immer und ständig ernst nehmen würde und wenn sie alles, was er sagt, auf eine Goldwaage legen würde, dann könnte sie wohl schwerlich Respekt vor ihm haben, ist es nicht so? Ich denke, du weißt, was ich damit meine. Kein Mensch auf dieser Welt redet immer und ausschließlich über sinnvolle Dinge. Wir alle haben unsere Fehler und Macken.

Es ist eine deiner wichtigsten Aufgaben bei der erfolgreichen Verführung eines Mannes – und selbst in einer langjährigen Liebesbeziehung verführt man dem Partner immer wieder aufs Neue –, ihm das Gefühl zu geben, dass er sich in deiner Nähe wirklich wohlfühlt. Es mag sich ja banal anhören, aber erst ein Mann, der nicht mehr das Gefühl hat, vor dir beweisen zu müssen, dass er ein „besonders toller Hecht" ist, wird in deiner Nähe aufblühen und sich wohlfühlen.

Dies erleben wir Männer tatsächlich nicht allzu oft, weil zwar viele Frauen verstanden haben, dass wir Männer es auf der einen Seite lieben, wenn man uns ein bisschen fordert, diese Frauen auf der anderen Seite aber nie gelernt haben, wie genau man es am besten umsetzt, „einen Mann zu fordern". Viele Männer mögen nach außen hin sehr selbstsicher erscheinen, aber selbst die Männer, die extrem selbstbewusst wirken, verspüren in ihrem Inneren immer noch einen gewissen Erfolgsdruck, mit dem die

Frau an ihrer Seite richtig umgehen sollte.

In diesem ersten Kapitel geht es nun zunächst um männliche Grundlagen, die du unbedingt verstanden haben solltest, während es in späteren Kapiteln mehr darum geht, was du konkret tun solltest, um einen tollen Mann zu bekommen bzw. ihn dauerhaft an dich zu binden. Kommen wir jetzt zu einer weiteren essenziellen Wahrheit über Männer.

D. Männer und der unstillbare Drang nach Unabhängigkeit

Sex mit einem Mann zu haben, ist wohl für die meisten Frauen eine völlig einfache und leicht umsetzbare Angelegenheit. Wir Männer haben nämlich gar kein Problem damit, selbst mit Frauen zu schlafen, die überhaupt nicht „unser Typ" sind. Natürlich hat auch Liebe für uns etwas mit Sex zu tun. Aber Sex hat nicht unbedingt etwas mit Liebe zu tun.

Es mag eine ganz andere Art von Sex sein, die ein Mann mit einer Frau hat, die er nicht liebt bzw. für die er nichts weiter empfindet. Doch wir Männer sind offen gestanden nicht besonders wählerisch, wenn es darum geht, mit einer Frau eine einzige Nacht zu verbringen.

Wir sind sogar grundsätzlich dazu in der Lage, diese Frau hemmungslos anzulügen und ihr die große Liebe zu versprechen, wenn wir daraufhin in ihrem Schlafzimmer landen. Natürlich gibt es auch einige Männer, die es für sich selbst moralisch verwerflich finden, eine Frau anzulügen, und die so etwas niemals tun würden. Doch der wichtige Fakt, auf den ich hinaus will, lautet:

- ***Wenn eine Frau auf einen Mann zugeht und ihn danach fragt, ob er Sex mit ihr haben möchte, ist es beinahe unwichtig, wie sie aussieht … Er wird mit sehr hoher Wahrscheinlichkeit „Ja" sagen!***

Ist es umgekehrt genauso? Sicherlich nicht, oder? Ich meine, es kann bestimmt auch vorkommen, dass du als Frau einen unbekannten Mann attraktiv findest und dich ihm vielleicht sogar gerne noch in derselben Nacht hingeben willst, aber höchstwahrscheinlich setzt du wesentlich höhere Maßstäbe an, wie dieser Mann sein sollte. Die allermeisten Männer tun das nicht, wenn es um eine einzige Nacht geht.

Sie haben absolut kein Problem damit, mit einer Frau Sex zu haben, obwohl sie sie überhaupt nicht kennen. Obwohl sie vielleicht nicht besonders gut aussieht. Und obwohl sie vielleicht sogar nicht gerade intelligent, kultiviert oder auf andere Weise besonders attraktiv ist.

Männer haben sehr geringe Ansprüche, wenn es um Sex

geht. Manche Frauen haben vielleicht auch nicht allzu hohe Ansprüche in bestimmten Phasen ihres Lebens, wenn es um Sex geht. Doch in dieser Hinsicht kann ich dir versprechen, dass das Anspruchsniveau bei uns Männern bei Weitem unter dem von Frauen liegt. Ich denke, du weißt, worauf ich hinauswill.

Wenn es darum geht, eine feste Beziehung mit einer Frau einzugehen, dann ist das schon eine ganz andere Sache!

Vor allem die begehrten Männer können, egal, wie verliebt sie gerade auch immer sind, lange darüber nachdenken, ob eine Frau „es wert ist", die eigene Unabhängigkeit aufzugeben. Ich weiß, das klingt paradox. Aber viele Männer haben das Gefühl, dass sie ihre Freiheit und Unabhängigkeit aufgeben, sobald sie in einer festen Beziehung sind.

Das liegt ganz einfach an den Vorerfahrungen, die viele Männer in ihrer Vergangenheit gesammelt haben. In den ersten 1 bis 3 Monaten einer neuen Beziehung lassen viele Frauen ihren Partner noch einfach „machen". Er wird so akzeptiert, wie er ist, mit all seinen Fehlern und Macken. Und dann beginnen viele Frauen, ihren Partner „verändern" zu wollen. Ihnen fallen Kleinigkeiten an ihm auf, die er doch „eigentlich ganz leicht ändern könnte".

Was geht in einem Mann vor, wenn eine Frau ihn

ständig kritisiert?

Ganz einfach! Er fühlt sich unter Erfolgsdruck gesetzt. Manche Männer mögen damit umgehen können, aber die meisten können es nicht. Und das ist auch gar nicht weiter tragisch. Natürlich ist es absolut in Ordnung, wenn dir daran gelegen ist, dass bestimmte Dinge, die ein Mann tut oder sagt, in Zukunft anders laufen. Wie du dieses Dilemma für dich selbst lösen kannst, erkläre ich dir in den weiteren Kapiteln. Jetzt soll es erst einmal nur darum gehen, dass du für dich verstehst und verinnerlichst, dass viele Männer aus ihren Vorerfahrungen heraus mit einer Beziehung bestimmte Einschränkungen verknüpfen.

Wenn du es schaffst, dem Mann an deiner Seite das Gefühl zu geben, dass er die vollkommene Freiheit über sein Leben hat, wirst du einen treuen Mann an deiner Seite haben, der – wenn es darauf ankommt – weitaus eher auf dich hören wird, als es ein Mann tut, der sich ständig kritisiert, bevormundet und bedrängt fühlt.

Denn du kannst mit hoher Wahrscheinlichkeit davon ausgehen, dass er diese negativen Konsequenzen einer Beziehung bereits erlebt hat. Mit Frauen, bei denen er das Gefühl hatte, dass sie ihm die „Luft zum Atmen nehmen" und ihn selbst nicht frei entscheiden lassen, was er tun darf und was nicht.

Über die genaue Umsetzung gehe ich im späteren Verlauf dieses Buches ein.

E. Männer haben unglaublich große Angst davor, Frauen anzusprechen! Wie du einen Mann trotzdem dazu bringen kannst!

Wir Männer definieren uns sehr stark über unseren Erfolg in der Außenwelt. Ein Korb von einer Frau, die wir attraktiv finden, ist für uns wohl eines der schlimmsten Erlebnisse, die uns in unserem Leben widerfahren können. Denn es kratzt an unserem männlichen Stolz. Viele Männer haben schon mindestens einmal in ihrem Leben eine sehr unfreundliche Abfuhr von einer Frau erhalten, ganz gleich, ob diese verständlich war oder nicht.

Und wenn ein Mann diese Erfahrung in seinem Leben bereits gemacht hat, wird er es sich beim nächsten Mal ganz genau überlegen, ob es die spätere Enttäuschung wirklich wert ist, jetzt den Versuch zu machen, eine Frau anzusprechen. Beziehungsweise, dich anzusprechen.

Deshalb ist es sehr wichtig, dass du einem Mann, der dir

gefällt, bestimmte (subtile) Hinweise gibst, an denen er erkennen kann, dass er von dir vermutlich keinen Korb bekommen wird

Hier ein paar Beispiele, wie du einen Mann dazu bringen kannst, dich anzusprechen:

- Lächle ihm immer einmal wieder kurz zu.
- Berühre ihn im Vorbeigehen unauffällig kurz am Rücken.
- Positioniere dich in seiner Nähe, und frage ihn nach Feuer, falls du rauchst.

Es ist absolut nicht empfehlenswert, direkt mit der Tür ins Haus zu fallen und ihm zu sagen, dass du ihn attraktiv findest. So gut wie jeder Mann würde auf diese Aussage hin denken: „Bei ihr wird es leicht, sie steht auf mich …“ Und genau dieses Gefühl willst du mit Sicherheit nicht als ersten Eindruck erwecken. Denn das Einzige, woran er daraufhin denken wird, ist „schneller, einfacher Sex“.

Wesentlich sinnvoller ist, ihn erst einmal unauffällig in ein Gespräch zu verwickeln. Das machst du ganz einfach, indem du ihm eine leichte Frage stellst.

Hier ein paar Beispiele für derartige Fragen, die einem ganz simplen Prinzip folgen:

In der Fußgängerzone -> „Entschuldige bitte, kannst du mir hier irgendwo ein tolles Café empfehlen?"

In einer Bar –> „Entschuldigung, kannst du mir einen besonders guten Cocktail empfehlen?"

In einem Kinogebäude -> „Meine Freundin und ich wissen gerade nicht, in welchen Film wir gehen sollen. Hast du vielleicht eine Empfehlung?"

Die Einfachheit dieses Prinzips hast du sicherlich schnell bemerkt, oder? ;-)

Nach dieser ersten Frage und der daraufhin folgenden Antwort kannst du ihn zum Beispiel fragen, wie er heißt. Spätestens ab diesem Moment sollte er das Zepter in dic Hand nehmen und beginnen, die Unterhaltung auch weiterzuführen. Sollte er regungslos dastehen und leise irgendwelche Wörter vor sich hin stammeln, ist er vermutlich sehr schüchtern. Ich weiß nicht, ob du so einen Mann wirklich haben willst?

Auch wenn er anfangen sollte, ziemlichen Mist zu reden, kannst du dich ganz leicht wieder aus der Situation entfernen mit einer kleinen Ausrede wie zum Beispiel: „Entschuldige bitte, aber ich muss jetzt weg, denn … (hier Ausrede einfügen)"

Ganz einfach!

Wenn dir wirklich daran gelegen ist, einen tollen Mann für eine langfristige Beziehung zu gewinnen, dann wäre es sicherlich ein absoluter Glückstreffer, wenn es direkt der allererste Mann wäre, mit dem du sprichst. Doch jede Frau kennt die Erfahrung, dass ein enorm gut aussehender und insgesamt attraktiv scheinender Mann auf einmal vor ihnen steht und sie leider beim Gespräch bemerken muss, dass er nur so lange attraktiv ist, bis er anfängt, den Mund aufzumachen. Ich bin mir sicher, du weißt, was ich meine. *lach*

Wenn man sich für einen besonders tollen Job bewirbt, so kann es sein, dass man viele verschiedene Bewerbungen rausschicken muss, bis man einen solchen Job bekommt. Genauso ist es natürlich, wenn du stark daran interessiert bist, deinen Traumpartner zu finden.

Gehe also wirklich regelmäßig unter Menschen, denn nur dann wirst du deinen Traumpartner auch tatsächlich recht schnell kennenlernen können. Weitere Taktiken folgen in den nächsten Kapiteln dieses Buches. Wichtig ist in diesem Abschnitt erst einmal nur, dass du für dich selbst weißt, dass die meisten Männer unglaublich große Angst davor haben, eine ihnen noch unbekannte Frau anzusprechen, und dass du oft ein wenig „nachhelfen“ musst.

F. Wir Männer kennen unsere eigene Gefühlswelt oft schlechter als unser Auto!

Von Kindesbeinen an lernen sehr viele Jungs, sich ihren eigenen Gefühlen zu verschließen. Wenn ein junges Mädchen weint, dann kommen oft ihre Freundinnen, trösten sie, und es wird stundenlang über die Situation gesprochen.

Wenn allerdings ein Junge weint, kommen seine Freunde und haben in vielen Fällen kein Verständnis für seinen Gefühlsausbruch. Er solle sich gefälligst nicht so anstellen, heißt es dann, denn er sei ja kein Mädchen.

Viele Männer haben aus genau diesem Grund bereits in der Kindheit verlernt, zu ihren eigenen Gefühlen zu stehen und diese regelmäßig zu ergründen. Vielmehr denken sie, dass es schon irgendwie „einfach weitergehen wird und muss“ und sie es sich nicht erlauben können, tiefer über ihre eigenen Gefühle nachzudenken. Und genau deshalb haben Männer in der Regel keinen wirklichen Zugang zu ihren eigenen Gefühlen.

Wenn also ein Mann etwas zu dir sagt wie zum Beispiel: „Ich kann dir im Moment nicht genau sagen, ob und welche Gefühle ich für dich habe, weil ich es selbst nicht weiß." Dann ist das vermutlich nicht gelogen, sondern die reine Wahrheit. Viele Frauen versuchen in solchen Momenten, den Mann unter einen gewissen Druck zu setzen und eine Entscheidung von ihm zu verlangen. Sie glauben, dass er vielleicht einfach nicht ehrlich ist. Aber weit gefehlt. Für gewöhnlich ist diese Aussage ehrlich, denn er weiß es vermutlich wirklich nicht. Er kann seine eigenen Gefühle nicht zuordnen und sich kein klares Bild von seinem Innenleben machen.

Wenn ein Mann ein Problem hat, geht er normalerweise nicht sofort damit zu seinen besten Freunden. Er geht zu niemandem. Er versucht, sein Problem ganz für sich alleine zu lösen, denn er hat in seiner Kindheit gelernt, dass die meisten seiner männlichen Freunde es nicht unbedingt gutheißen, wenn man seine eigenen Gefühle offenbart.

Genau das ist auch die Ursache, warum so zahlreiche Männer Angst vor intimen Gesprächen mit Frauen haben, in denen man zum Beispiel über „die Beziehung" spricht. Denn eine Frau, die eine klare Antwort haben möchte, und ein Mann, der eben genau diese Antwort selbst nicht kennt, haben nun einmal Potenzial für eine längere Diskussion oder sogar einen Streit. Diesen Dingen möchte so gut wie jeder Mann am liebsten aus dem Weg gehen und erfindet deshalb manchmal die haarsträubendsten Ausreden, um kein solches Gespräch führen zu müssen.

Frauen haben normalerweise einen sehr guten Zugang zu ihren eigenen Gefühlen und können oft viel besser als Männer für sich selbst einschätzen, ob sie gerade eine feste Beziehung haben wollen oder nicht. Wenn also in Zukunft ein Mann zu dir sagt, dass er nicht genau weiß, was er für dich fühlt, dann ist es tatsächlich gut möglich dass er momentan die Wahrheit sagt, und du solltest ihn in diesem Gespräch auf keinen Fall auf irgendeine Aussage „festnageln" wollen, denn das Einzige, was du damit erreichst, ist, den Mann unter Druck zu setzen. Und Druck ist niemals gut, wenn es um Verführung geht.

Im schlimmsten Falle wird er ab diesem Moment versuchen, dir auszuweichen, um sich nicht noch einmal mit diesem Thema konfrontieren zu müssen.

Das Beste, was du tun kannst, wenn du eine wirklich feste Aussage zu einem bestimmten Fall haben willst, ist es, dem Mann zu signalisieren, dass er alle Freiheit und Zeit der Welt hat und es dir gar nicht so wichtig ist, jetzt eine feste Aussage zu bekommen, sondern viel wichtiger, einfach eine schöne Zeit mit ihm zu verbringen. Wenn du dies genau so anwendest, wie ich es dir gerade beschrieben habe, hast du die wahrscheinlichste Chance, dass der Mann von selbst auf dich zukommen wird und du hinsichtlich des jeweiligen Themas endlich Gewissheit hast.

❧ ***Lasse den Mann einen Mann sein und verlange nichts von Männern, was sie nun einmal nicht so gut können.***

Kapitel 2

Warum Männer Angst davor haben, den Schritt in eine neue Beziehung zu wagen, ganz egal, wie toll die Frau ist

Wie du vielleicht weisst, ist es eine der größten Ängste eines Mannes, zu einem sogenannten Weichei abgestempelt zu werden. So ein richtiges Weichei ist weder attraktiv für Frauen noch wird es unter Männern akzeptiert.

Selbst der stärkste Mann hat Angst davor, „zu weich" zu werden. Männer würden dir natürlich etwas ganz anderes erzählen, wenn du mit ihnen darüber sprechen würdest, aber es ist nun einmal eine Tatsache, dass es eine der schlimmsten Beleidigungen für einen normalen heterosexuellen Mann ist, als Weichei abgestempelt zu werden.

Darum stellt es für einen Mann immer eine gewisse Herausforderung dar, sich für eine Frau zu öffnen und ihr seine Gefühle zu zeigen. Denn ab diesem Moment ist er verletzbar, und so gut wie jeder Mann hat mindestens einmal in seinem Leben die Erfahrung gemacht, dass eine Frau auf seiner „Verletzbarkeit" herumgetrampelt hat.

Das ist auch der Grund, warum manche Männer von einer oberflächlichen kurzfristigen Sexbeziehung in die nächste wandern. Hauptsache, der Mann muss keine Gefühle zeigen und kann immer und ausnahmslos Stärke demonstrieren. Wir Männer wissen natürlich intuitiv ganz genau, dass dies in einer langfristigen festen Liebesbeziehung absolut nicht möglich ist.

Wir können schließlich nicht 24 Stunden am Tag stark sein.

JETZT MÖCHTE ICH GERNE MIT DIR EINEN KLEINEN AUSFLUG MACHEN ...

... einen Ausflug in die Mechanismen der Frauenverführung. Ja, du hast ganz richtig gelesen, denn erst, wenn du diese Mechanismen wirklich verstehst, weißt du ganz konkret, aus welchem Grund Männer Angst davor haben, zu weich zu werden.

Was ich dir jetzt gleich verraten möchte, ist weder politisch korrekt, noch wird es dir vielleicht besonders gut gefallen. Doch wie du sicherlich schon weißt, habe ich selbst über fünf Jahre lang als Verführungstrainer gearbeitet, der Männern immer wieder live gezeigt hat, wie man eine Frau am besten anspricht und verführt. Deshalb kenne ich nicht nur die männlichen Probleme ganz genau, sondern natürlich auch die Mechanismen, die dafür sorgen, dass eine Frau einen Mann wirklich attraktiv findet.

Der stärkste Mechanismus der Frauenverführung ist ein unerschütterliches Selbstvertrauen, das ein Mann an den Tag legt. Wenn ein Mann wie ein Fels in der Brandung ist und sich nicht gelegentlich durch irgendwelche Dramen verunsichern lässt, dann ist das eine höchst attraktive Verhaltensweise. Du kennst sie mit Sicherheit auch, die Männer, die beim Flirten absolut locker, trotzdem authentisch und dazu auch noch sehr charmant und freundlich sind, oder nicht? Ich gebe zu, sie sind vermutlich eher eine seltene Ausnahme, aber es gibt sie.

In dem Moment, in dem ein Mann eine Frau zum Sex verführt, kann er absolut stark sein, denn er muss sich ihr nicht unbedingt besonders emotional öffnen, denn schließlich kennen sich beide noch nicht so gut. Sie weiß nichts von seinen Schwächen, und er muss sie auch nicht unbedingt offenbaren. In einer festen Beziehung allerdings ist jedem Mann ganz deutlich bewusst, dass die Frau nach einer gewissen Zeit auch seine Schwächen kennenlernen wird, und er hat gewaltige Angst davor, dass sie auf diesen Schwächen herumtrampeln wird.

Es ist ein tiefes Bedürfnis für einen Mann, von seiner Partnerin wirklich geliebt, geschätzt und respektiert zu werden. Vor allem wirklich von tiefstem Herzen respektiert zu werden!!!

Solange er sich dieses Gefühls sicher sein kann, wird er sich gut fühlen und mit voller Energie gemeinsam mit seiner Partnerin ein glückliches Leben führen können. Sobald er jedoch merkt, dass die Frau beginnt, an ihm zu zweifeln, ihm Dinge vorwirft, ihm seine Fehler immer wieder klarmacht, wird er beginnen, sich zurückzuziehen und sich traurig zu fühlen. In diesem Moment fühlt er sich schwach, denn er hat das Gefühl, dass er seine eigene Freundin oder Frau nicht glücklich machen kann.

Du kannst so gut wie jeden Mann fragen: Das haben schon ungemein viele Männer erlebt, sie haben sich von einer Frau niedermachen lassen. Es gibt kaum ein schlimmeres Gefühl für uns Männer als diese Machtlosigkeit.

Und genau deshalb haben unglaublich viele Männer große Angst davor, ihre Gefühle zu zeigen und vor allem mit einer Frau – ganz egal wie toll sie ist – eine feste Beziehung einzugehen.

Denn solange es noch keine feste Beziehung ist, kann der Mann normalerweise jederzeit seinen Hut nehmen, sobald es ungemütlich wird. Er fühlt sich dann nicht zu großen Erklärungen verpflichtet, sondern beendet „die Bekanntschaft" einfach kurz und schmerzlos und kann weiterhin „stark" bleiben.

Diese Tatsache ist keine Einbildung oder Interpretation von mir, sondern wurde mir von Tausenden Männern bestätigt, die mir in meinen Coachings Dinge anvertraut haben, die sie in ihrem bisherigen Liebesleben erlebt haben. Einer der wahren Hauptgründe, warum ein Mann keine Beziehung mit einer Frau will, ist also, weil er Angst davor hat, irgendwann „zu weich" zu werden.

Die meisten Männer, die zu mir ins Coaching kommen, sind überwiegend einfach zu nett zu Frauen. Damit meine ich nicht, dass es nicht gut für Männer wäre, freundlich zu Frauen zu sein – um Himmels willen, das ist sogar sehr gut. Aber viele Männer stellen Frauen auf ein Podest und glauben, dass sie nicht gut genug wären, eine tolle Frau zu bekommen. Sie haben einfach keine eigene innere Stärke und trauen sich nicht, offen, ehrlich und authentisch mit Frauen umzugehen. Deshalb werden sie zu „Ja-Sagern", und du als Frau, liebe Leserin, weißt selbst ganz genau, wie unattraktiv so ein „Ja-Sager" ist.

WIE DU EINEN MANN AM EFFEKTIVSTEN IN EINE BEZIEHUNG HINEINBEKOMMST, SODASS ER SICH AUCH WIRKLICH WOHLFÜHLT!

Ein altes Sprichwort sagt: *„Was du liebst, das lasse frei. Wenn es zurückkommt, gehört es dir!"*

Vielleicht mag dieses Sprichwort nicht immer und ausnahmslos stimmen. Aber es steckt auch sehr viel Wahrheit darin. Wenn ich jetzt gerade über meine eigene Beziehung nachdenke, befinde ich mich momentan in der schönsten Liebesbeziehung, die ich jemals in meinem Leben hatte. Meine Freundin lässt mich alles tun, was ich tun will. Sie zeigt mir gegenüber absolutes Vertrauen und dass sie mich aus tiefstem Herzen schätzt.

Als wir uns damals kennenlernten, wollte ich eigentlich gar keine Beziehung haben. Ganz im Gegenteil. Eine Beziehung war so ziemlich das Schlimmste, was ich mir in diesem Moment vorstellen konnte. Doch sie hat eine ziemlich simple Methode angewandt, mit der ich mich total schnell in diese Frau verliebt habe:

Sie hat mich einfach machen lassen!

Ein Mann, der fremdgeht, wenn man ihn freilässt, wird es erst recht tun, wenn man ihn kontrolliert!

Ich habe es schon so oft erlebt, dass Frauen versucht haben, mich zu kontrollieren, und es ging mir jedes Mal auf die Nerven. Es gibt wohl kaum einen Mann auf dieser Welt, der ehrlich von sich selbst behaupten könnte, das es ihm gut gefallen würde, wenn eine Frau einen gewissen Kontrollzwang hat oder ständig wissen will, was er gerade tut und wie er es tut und wann er es tut und warum er es tut etc.

Natürlich ist es vollkommen richtig, wenn es dein Ziel ist, einen besonders tollen Mann an deiner Seite zu halten. . Und das kannst du am allerbesten schaffen, indem du die gemeinsame Zeit mit ihm wirklich genießt und dafür sorgst dass es euch beiden zusammen gut geht. Klar, das ist immer eine Aufgabe von beiden. Zu einem gemeinsamen Glück gehören natürlich immer zwei.

Kürzlich habe ich mit einer guten Freundin lange darüber gesprochen was ich beruflich so mache. Und sie fragte mich: „Danny, du hilfst so vielen Frauen dabei, wie sie es schaffen können, einen tollen Mann zu bekommen und zu halten. Aber kannst du mir auch in meinem Fall helfen? Ich möchte meinen Freund gerne loswerden."

Ich musste lachen. Zumal ich ganz genau wusste, dass sie das nur im Scherz meinte. Sie liebt ihren Freund abgöttisch. Aber es gibt ja tatsächlich immer wieder Frauen, die sich nicht trauen, aus ihrer Beziehung auszubrechen und dem Mann klipp und klar zu sagen, dass sie eigentlich keine Beziehung mehr mit ihm haben möchten.

Und um genau zu verstehen, wie du einen Mann halten kannst, ist es tatsächlich auch sinnvoll zu verstehen, wie du einen Mann wieder loswerden kannst, weil es sich dabei natürlich um exakt die gegenteiligen Mechanismen handelt.

Hier ein paar Tipps von mir, wenn du einen Mann so schnell wie möglich loswerden möchtest:

- Schreibe ihm mindestens 10 SMS pro Tag
- Frage ihn täglich, wie es ihm geht, warum es ihm so geht, und sage ihm, was er besser machen könnte.
- Kritisiere ihn, wo es nur geht
- Sage ihm, dass andere Männer attraktiver sind als er.
- Kontrolliere regelmäßig sein Handy, seinen Terminkalender und seinen PC auf Hinweise auf einen möglichen Betrug.
- Sage ihm ganz offen, dass du kein Vertrauen zu ihm hast.
- Frage immer wieder nach, ob er es wirklich ernst mit dir meint und dich wirklich liebt.
- Verlange immer wieder von ihm, dass er über seine Gefühle redet und dir alles offenbart, was in ihm vorgeht.
- Verbiete ihm, sich mit seinen Freunden für einen Männerabend zu treffen, und schlage stattdessen vor, dass du mitkommst.

Ich hoffe, du bemerkst schon den kleinen roten Faden, der sich durch dieses Buch schlängelt. Im Grunde kannst du wirklich das genaue Gegenteil dieser Tipps anwenden, die man auch als Anti-Tipps für eine dauerhafte Beziehung bezeichnen könnte, und du wirst wohl einen der glücklichsten Männer der Welt an deiner Seite haben. Denn er hat eine Frau, die ihn als Mann so nimmt, wie er nun einmal ist.

Doch wir Männer haben Frauen schon in dieser oder ähnlicher Form, wie in den Anti-Tipps beschrieben, in früheren Beziehungen erlebt. Und wir würden alles dafür tun, solche Situationen in Zukunft nie wieder zu erleben. Deshalb haben viele Männer das Gefühl, sie würden etwas opfern, wenn sie in eine neue Beziehung hineingehen.

Du kannst einem Mann auf der rein rationalen Ebene leider nicht klarmachen, dass du anders bist. Das musst du ihm durch dein Verhalten zeigen. Und falls du eine sehr eifersüchtige Frau sein solltest, die gerne die volle Kontrolle über ihren Freund oder Mann hat, dann kann ich dir nur raten, in diesem Punkt an dir selbst zu arbeiten. Denn solche Frauen sind für uns Männer ein absoluter Albtraum. Eine Beziehung mit so einer Frau ist wie ein Gefängnis. Und da viele Männer eine solche bzw. eine ähnliche Erfahrung bereits in ihrem Leben machen mussten, fühlen sie sich als Single einfach wohler, als noch einmal so einen Albtraum zu durchleben.

Beispielsweise ist es in den ersten Tagen einer Beziehung natürlich völlig normal, dass du deinen neuen Partner stark vermisst. Es ist absolut normal dass du in dieser Zeit jede Sekunde mit ihm verbringen möchtest. Aber wenn er gerade in ein Arbeitsprojekt vertieft ist, eine Selbstfindungsphase durchmacht oder momentan einfach ganz andere Dinge in seinem Leben Priorität haben, dann musst du ihn diese Dinge tun lassen, wenn du diesen Mann wirklich fest an dich binden möchtest. Du merkst vermutlich schon, dass es sich in solchen Fällen vielmehr um einen passiven als um einen aktiven Prozess handelt.

Wenn eine Frau sich beispielsweise sehr oft bei einem Mann meldet, bekommt dieser sehr schnell das Gefühl, dass sie für sich selbst keine anderen Prioritäten im Leben hat. Und das ist eine höchst unattraktive Verhaltensweise, obwohl sie es vermutlich nur freundlich meint und in seiner Nähe sein möchte. Frauen, die hingegen eigene, klar definierte Ziele haben und sich für eine Sache einsetzen, sind höchst attraktiv für Männer.

Es ist also eine der wichtigsten Eigenschaften einer Frau, die für einen Mann attraktiv sein möchte, dass ein Mann ihr zwar wichtig ist, aber nicht das Allerwichtigste in ihrem Leben. Und vor allem keinesfalls bedingungslos!

Solltest du dich in diesem Kapitel wiedererkannt und eigene Fehler entdeckt haben, möchte ich dich bitten, diese Fehler in Zukunft nach und nach abzustellen. Vielleicht ist es nicht immer so leicht, den Partner einfach freizulassen und ihn tun zu lassen, was er tun möchte, doch du wirst dieses tiefe Vertrauen hundertfach zurückbekommen, und jeder Mann auf der Welt würde sich wünschen, eine Frau zu haben, die ihn genau so sein lässt, wie er auch ist.

Wenn du allerdings einen Freund bzw. Mann an deiner Seite hast, den du überhaupt nicht akzeptieren kannst, dann kann ich nicht verstehen, warum du bei ihm bleiben solltest. In solch einem Fall geht es nicht darum, den Mann zu verändern, sondern sich einfach zu trennen.

Auch das ist natürlich immer eine Option. Aber Achtung: Manche Frauen wollen gerne einen „perfekten“ Mann an ihrer Seite haben, den es in Wirklichkeit gar nicht gibt.

Diesem speziellen Thema habe ich ein eigenes kleines Kapitel gewidmet. Lies am besten direkt weiter.

Kapitel 3

Das Traumprinz-Syndrom Wie du einen wirklichen Traumprinzen bekommst, der dir genau das gibt, was du dir schon immer gewünscht hast

Kennst du die Geschichte von der Suche nach dem perfekten Mann? Mein Onkel erzählte sie meiner kleinen Schwester vor ein paar Jahren, und ich möchte sie hier gerne so gut es geht für dich wiedergeben, denn ich finde diese Geschichte sehr bezeichnend, und vor allem steckt sehr viel Wahrheit darin:

> *„Eine Frau beendete ihre letzte Beziehung und wollte nichts ‚Halbes' mehr. Sie wollte sich endlich auf die Suche nach dem wahrhaft perfekten Mann begeben. Einem Mann, der ganz anders ist als alle anderen. Einem Mann, der keine Fehler und Macken hat und ihr immer genau das geben kann, was sie gerade wirklich braucht.*
>
> *Also verabschiedete sie sich von ihrer Familie und ihren Freunden und versprach, in einem Jahr wiederzukommen und den perfekten Mann gefunden zu haben.*
>
> *Nach zwölf langen Monaten kam sie wieder und veranstaltete ein großes Treffen mit allen ihren Freunden und ihrer Familie. Sie war froh, wieder zu Hause zu sein, und alle wollten natürlich wissen, ob sie es geschafft hatte, den perfekten Mann zu finden.*

Sie antwortete: „Ja, ich habe tatsächlich den perfekten Mann gefunden! Er hatte wirklich alles, was ich wollte, und das Wort perfekt beschreibt ihn wirklich sehr, sehr genau."

Und ihre Freunde wollten wissen: „Und was ist geschehen, warum bist du nicht mit ihm in einer Beziehung?"

Sie antwortete: „Nun, er war wirklich perfekt. Aber leider gab es doch einen einzigen Haken, der unsere Beziehung unmöglich machte …

Er wollte gerne die perfekte Frau haben …"

Die meisten Frauen haben zwar auf eine gewisse Art und Weise begriffen, dass es so etwas wie einen perfekten Menschen nicht gibt, aber sie wundern sich in Beziehungen dann, wenn es ernst wird, offenbar doch sehr darüber, dass auch der Mann ihrer Wahl tatsächlich nervige Fehler und Macken hat.

Für diese Frauen erscheint es dann absolut logisch, dass der Mann seine Fehler ändern muss.

Hier ein paar Beispiele aus meinen Coachings, die mir Männer anvertraut haben, was manche Frauen von Männern verlangen. Der Mann soll am besten ab sofort:

- immer offen über seine Gefühle sprechen,
- niemals mehr andere Frauen anschauen und auch nie über sie reden,
- nichts auf der Couch liegen lassen, bevor er schlafen geht,
- niemals mehr in Jogginghosen herumlaufen,
- seine Schlafgewohnheiten ändern,
- seine Essgewohnheiten ändern,
- immer pünktlich kommen, obwohl er niemals pünktlich war,
- der Frau täglich Komplimente machen, obwohl er es mehr schätzt, wenige, dafür aber vom Herzen kommende Komplimente zu machen,
- den wöchentlichen Männerabend mit seinen Freunden aufgeben,
- seine Sportart wechseln,
- seinen Kleidungsstil ändern,
- seine Art zu reden ändern.

Und so weiter und so weiter …

Ich könnte dir hier noch stundenlang etliche weitere Beispiele von haarsträubenden Dingen erzählen, die mir Männer berichtet haben. Und in den meisten Fällen war der Grund für diese Argumente der Frauen nicht, dass sie ihren Partner loswerden wollten. Im Gegenteil, sie liebten ihn über alles und wollten einfach dafür sorgen, dass er an sich arbeitet und sich bessert, um endlich zu genau dem Traumprinzen zu werden, den sie sich eigentlich immer gewünscht hatten.

Falls auch du dir einen perfekten Traumprinzen wünschst, muss ich dir leider mitteilen: Vergiss es! Es mag ein schöner Traum sein, doch es bleibt auch für immer ein Traum! Es gibt sicherlich einige tolle Männer auf dieser Welt, aber der perfekte Mann muss erst noch geboren werden, und das wird vermutlich niemals geschehen.

Und sind wir einmal ganz ehrlich: Das ist auch gut so! Denn glaubst du wirklich, dass es über eine lange Zeit hinweg spannend mit einem perfekten Mann wäre? Mit einem Mann, über den du dich niemals aufregen könntest? Mit einem Mann, der immer alles besser machen würde als du selbst?

Hey, wäre es nicht furchtbar langweilig, wenn du immer ganz genau wüsstest, dass der Mann an deiner Seite sowieso ausnahmslos alles schafft?

Also auch ich als Mann muss ganz ehrlich feststellen, dass ich absolut keine Lust auf eine perfekte Frau hätte. Ich würde mich offen gestanden ziemlich klein fühlen und ständig darauf achten, dass ich nichts falsch mache. Nein! Es sind auch ihre Fehler, die Menschen interessant machen.

Das Dilemma, in dem viele Frauen stecken:

Auf der einen Seite wissen so gut wie alle Frauen ganz genau, dass es keinen perfekten Mann gibt. Auf der anderen Seite wiederum stören sie sich im Verlauf einer Beziehung irgendwann an seinen Fehlern. Und natürlich ist solch eine Beziehung auf lange Sicht dann zum Scheitern verurteilt. Denn kein Mann auf dieser Welt lässt sich gerne ständig kritisieren, wie du bereits in den ersten Kapiteln erfahren hast. Wir Männer brauchen einfach zwingend das Gefühl, dass eine Frau uns auch liebt, „obwohl sie uns kennt".

Hier in der Theorie liest sich das natürlich ganz leicht, doch es kommt erst zum Tragen, wenn du das nächste Mal über eine längere Zeit hinweg in einer festen Beziehung bist. Solltest du es gerade im Moment sein, dann analysiere dich bitte einmal selbst. Die meisten Frauen antworten, wenn Sie betroffen sind, meistens mit „Ja, aber"-Sätzen, wie zum Beispiel:

- „Ja, sehe ich normalerweise auch so, aber in diesem speziellen Fall ...“
- „Ja, stimmt schon, aber bei meinem Freund/Mann sind es echt schon sehr harte Fakten, die er unbedingt ändern muss.“
- „Ja kann sein, aber ich kann mit den Fehlern meines Freundes/Mannes einfach nicht leben.“

Nun können solche Aussagen zwei unterschiedliche Hintergründe haben:

1. Die Frau hat tatsächlich einen fürchterlichen Mann, der Fehler an sich hat, die kein Mensch akzeptieren könnte.

2. Sie ist etwas überkritisch, gesteht es sich aber selbst nicht ein (ein sehr weit verbreiteter Fall).

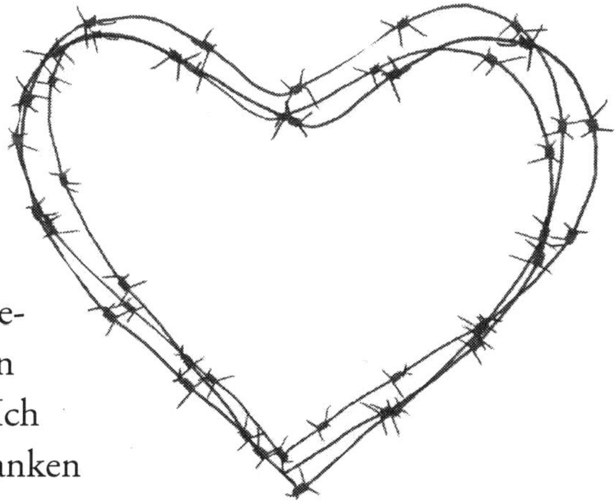

Bitte sei ganz ehrlich zu dir selbst beim Lesen dieser Zeilen. Kann man gewisse Fehler an einem anderen Menschen nicht einfach auch einmal akzeptieren, ein wenig zurückstecken und darüber hinwegsehen? Ich weiß nicht, was du für Gedanken bei diesem Kapitel hier hast. Sicherlich gibt es Fehler, die man absolut nicht akzeptieren kann und sollte, und ich bin selbst auch der Meinung, dass es gewisse Grenzen gibt. Aber manche Verhaltensweisen wirst du deinem Lebenspartner niemals antrainieren können, und hier gilt es abzuwägen, ob du nicht vielleicht lieber lernen solltest, gelassener damit umzugehen.

Eigentlich gibt es nur zwei Konsequenzen, die du ziehen kannst:

1. Du kannst dich von ihm trennen!

2. Du kannst lernen, ihn zu akzeptieren, wie er ist, und damit gelassener umzugehen.

Die dritte Möglichkeit, die sehr viele Frauen in Betracht ziehen, ist, am Partner herumzukritisieren und zu versuchen, ihn zu ändern. Ich hoffe jedoch, dass du in den ersten beiden Kapiteln für dich selbst gelernt hast, dass dies immer nur nach hinten losgehen kann. Sicherlich ist es völlig in Ordnung, wenn du einmal ansprichst, dass dich etwas stört und dann auf die Reaktion des Mannes achtest. Doch solltest du merken, dass du bei ihm auf eine unüberwindbare Grenze gestoßen bist, dann wähle für dich eine der zwei hier genannten Alternativen. Ist das, was dich stört, wirklich eine Trennung wert? Oder kannst du dich mit dieser Problematik arrangieren und einfach akzeptieren, dass dein Partner nicht perfekt ist?

Beide Möglichkeiten kommen in Betracht! Es ist natürlich auch vollkommen in Ordnung, wenn du dich von einem Partner trennst, der absolut nicht zu dir passt und Fehler hat, die du nicht akzeptieren kannst. Aber bitte entscheide weise für dich und trenne dich nicht von einem Menschen, nur weil er nicht perfekt ist. Den perfekten Mann wirst du leider niemals finden.

Oder vielleicht doch?

❧ ***Doch! Du kannst ihn finden! Du musst aber dennoch seine Fehler akzeptieren! ;-)***

Kapitel 4

Wollen Männer wirklich nur Sex? Oder steckt etwas ganz anderes dahinter?

Ich möchte dich jetzt ganz tief in abgründige Geheimnisse der Männerwelt entführen und werde dir eine unglaubliche Geschichte aus meinem eigenen Leben schildern, die sich tatsächlich so ereignet hat und die ich dir auf keinen Fall vorenthalten möchte.

Anhand dieser Geschichte kannst du sehr genau nachvollziehen, wie Männer im Hinblick auf Sex ticken und was genau dahinter steckt, wenn manche Männer lediglich auf Sex aus sind.

Als ich 19 Jahre alt war, trennte sich meine erste große Liebe von mir nach knapp zweijähriger Beziehung. Das war ein sehr trauriges Ereignis für mich, und ich verstand jahrelang nicht, warum sie mich nicht mehr wollte. Und dabei hätte ich es an einigen Ereignissen schnell merken können, dass wir eigentlich gar nicht zusammenpassten.

Ein sehr intimes, wahres und trauriges Detail aus meiner Vergangenheit:

Als sie einmal aus dem Bus ausstieg und zu mir kam, schrie ein Typ aus dem Bus: „Hey, die hat sich wohl verlaufen!“ Und der ganze Bus lachte. Die ganze Szene war nur möglich, weil sie ein wirklich hübsches Mädel war und ich ein sehr ungeschickter depressiver Junge mit Jogginghose und schmutzigem T-Shirt. Heute kann ich natürlich darüber lachen, wenn ich an diese Zeit zurückdenke. Aber damals war das Ganze gar nicht so lustig für mich, wie du dir sicherlich vorstellen kannst, liebe Leserin.

Nach dieser Beziehung war mein ohnehin schon sehr schwaches Selbstvertrauen stark angekratzt. Ich hatte fast zwei Jahre lang keinen Sex mehr. Von meiner nicht vorhandenen Attraktivität und meinem mangelnden Selbstvertrauen genervt, ging ich in eine Bücherei und kaufte mir sämtliche Bücher darüber, wie man als Mann erfolgreich bei Frauen werden kann.

Ich verschlang diese Bücher und entdeckte kurz darauf im Internet die sogenannte Pick-up-Community. Eine ziemlich verrückte Gruppierung von Männern aller Altersklassen, die es sich zum Ziel gemacht haben, endlich erfolgreich bei Frauen zu werden. Ich bin nicht wirklich stolz auf diese Zeit in meinem Leben, aber es sind nun einmal Tatsachen, und ich habe so viel daraus gelernt, dass ich dir die folgenden Erinnerungen auf keinen Fall vorenthalten möchte.

Ich ging von nun an 4 bis 5 Mal pro Woche raus auf Deutschlands Straßen, in Clubs und Bars, um zu lernen, Frauen anzusprechen und attraktiv auf das weibliche Geschlecht zu wirken. Es dauerte offen gestanden ewig, bis ich meine ersten nennenswerten Erfolge hatte. Wir Männer – ich ging durchschnittlich immer mit 4 bis 5 anderen Männern raus „auf die Jagd" – hatten eigentlich nur ein einziges Ziel: Frauen zum Sex zu verführen. Niemand hatte sich auch nur ansatzweise auf die Fahnen geschrieben, endlich eine erfüllte Liebesbeziehung haben zu wollen.

Es waren wie erwähnt Männer in allen Altersklassen dabei. Manche der Männer jenseits der 40 hatten einfach das Gefühl, Erfahrungen nachholen zu wollen, die sie in ihrer Jugend nicht gemacht hatten, aus welchem Grund auch immer. Und auch ich wollte nichts anderes, als endlich ein Frauenheld sein.

Irgendwann hatte ich erreicht, was ich wollte. Es ist mir fast etwas unangenehm, dies in einem Buch zu schreiben, das ausschließlich für Frauen gedacht ist, aber ich genoss eine Zeit lang den heimlichen Traum vieler Männer, mit sechs verschiedenen Frauen gleichzeitig in offenen Liebesbeziehungen zu sein. Na ja, was heißt Liebesbeziehungen? Es waren viel eher Sexbeziehungen, in denen man sich nebenbei noch ganz gut verstand.

Dies hielt ich ziemlich genau drei Monate lang durch, bis ich überhaupt keine Lust mehr darauf hatte. Weder konnten mir die Frauen geben, was ich eigentlich brauchte, noch konnte ich den Frauen geben was sie eigentlich suchten:

Echte Zuneigung! Liebe! Ehrliche und aufrichtige Anerkennung dem Partner gegenüber!

Ich kündigte daraufhin auch den Männern in der Verführungsszene an, dass ich keine Lust mehr darauf hatte, und stieß erstaunlicherweise hauptsächlich bei genau den Männern auf Verständnis, die bereits einige sexuelle Erfahrungen in ihrem Leben gemacht hatten. Ich habe ziemlich viele Männer kennengelernt, die mit sehr vielen Frauen schliefen und teilweise mit zehn verschiedenen Frauen gleichzeitig in einer Sexbeziehung waren. Und fast alle davon sind heute in einer glücklichen Beziehung, ihren Freundinnen treu und können sich gar nicht mehr vorstellen, das Leben von früher zu führen.

Solche Männer mit so ausgeprägten Vorerfahrungen findet man tatsächlich eher selten. Doch etwas habe ich durch diese Erfahrungen wirklich für immer für mich gelernt. Sex ist schön und gut, und er mag in einer Beziehung auch gerne eine wichtige Rolle spielen, aber es gibt einige Dinge die wesentlich wichtiger sind.

Durch diese eigene Erfahrung und die Hunderte von Coachings, die ich mit Männern durchführen konnte, habe ich gelernt, dass wir Männer definitiv nicht nur auf Sex aus sind. Es ist einfach nur eine Sache, die wir Männer im Laufe unseres Lebens lernen sollten, und das muss natürlich nicht auf genau dem gleichen Weg passieren, den ich gegangen bin. *lach*

Was, wenn du einen Mann „bändigen“ willst, der es nur auf Sex abgesehen hat?

Nun, Männer die einzig und alleine ihrem Sexualtrieb folgen und sich momentan in einer Lebensphase befinden, in der sie sich keinesfalls eine Beziehung vorstellen können, können natürlich nicht auf einer analytischen Ebene in einem klärenden Gespräch darüber belehrt werden. Kein Mann wird mit dir eine Beziehung eingehen, nur weil du ihm erklärst, dass es sinnvoll für ihn ist.

Die meisten Männer brauchen in ihrem Leben eine Phase, in der sie sich einmal richtig austoben. Wenn du es tatsächlich schaffst, einen solchen Mann zu einer Liebesbeziehung zu verführen, dann herzlichen Glückwunsch! Das ist nämlich gar nicht so leicht und eine Sache, auf die der Mann normalerweise selbst kommen muss, und zwar, dass er lieber eine Beziehung mit dir haben würde, als die „Freiheit“, tun und lassen zu können, was er möchte.

In Kapitel sechs dieses Buches erfährst du ganz konkret, wie du einen Mann dazu verführen kannst, sich in dich zu verlieben. Es ist allerdings sehr wichtig, dass du für dich selbst weißt, dass es eine Menge unreifer Männer da draußen gibt, die zuerst einmal ihre Erfahrungen machen bzw. nachholen wollen. Solch ein Mann ist vielleicht auch für eine Beziehung geeignet, in vielen Fällen aber leider eben nicht. Hier möchte ich dir von ganzem Herzen empfehlen, dich rechtzeitig von solch einem Mann abzukapseln. Wenn er dich über eine längere Zeit hinweg hinhält und dir vielleicht immer wieder Versprechungen macht, dass „es" irgendwann so weit sein wird, aber im Moment noch nicht, dann verlasse diesen Mann am besten. Denn er ist für sich selbst noch nicht so weit, eine ernsthafte „erwachsene" Beziehung mit einer Frau einzugehen.

In gewissen Fällen wird es dir vielleicht schwerfallen, dich von einem solch attraktiven Mann zu lösen. Aber manchmal ist es die beste Variante, um im eigenen Leben wieder glücklich sein zu können. Schließlich warten da draußen einige sehr interessante und attraktive Männer darauf, mit dir in eine glückliche Liebesbeziehung gehen zu können. Wenn du also einen Mann haben willst, um eine gemeinsame Zukunft aufzubauen, dann ist es vermutlich besser für dich, wenn du niemandem „hinterherläufst", der sich momentan sowieso keine Beziehung vorstellen kann.

Ich hoffe, du weißt meine schonungslose Ehrlichkeit zu schätzen, denn es ist mir wirklich sehr daran gelegen, dass du deinen

Traummann findest.

Und dein Traummann:

will eine Beziehung mit dir haben, die sehr viel tiefer geht! In solch einer Beziehung ist Sex eine wunderbare Nebensache. Doch das Wichtigste ist euer gegenseitiges Vertrauen und die emotionale Nähe, die ihr zueinander fühlt.

Auch das ist ein tiefer Wunsch vieler Männer! Wir können es eben manchmal nur nicht so in Worte fassen, darum steht es hier:

Sehr viele Männer wünschen sich viel sehnlicher eine erfüllte Liebesbeziehung als einfach nur Sex. Ich denke, nach der Lektüre dieses kompletten Buches wirst du diese Männer gut erkennen können.

Kapitel 5

Warum das Aussehen beinahe unwichtig ist und weshalb jede Frau uns Männer bekommen kann

GLAUBST DU WIRKLICH, DASS irgendein Mann auf dieser Welt eine längere Zeit mit einer Frau verbringen möchte, die nicht viel im Kopf hat, dafür aber gut aussieht?

Es gibt etwas, was für uns Männer *sehr viel wichtiger* ist, um uns zu einer Frau hingezogen zu fühlen, als gutes Aussehen.

Und das nennt sich:

Attraktivität!

Ist eine Frau automatisch attraktiv, nur weil sie gut aussieht?

Definitiv nicht!

Ungemein viele Frauen, die nach den „gesellschaftlichen Normen" sehr gut aussehen, haben tatsächlich große Probleme, einen tollen Mann zu finden und ihn an sich binden zu können.

Ich meine damit nicht, dass sie es schwer hätten, einen Mann ins Bett zu bekommen. Aber ob du Anerkennung und wirkliche Liebe von einem Mann bekommst, hat so gut wie gar nichts mit deinem Äußeren zu tun.

Vergiss die Medien! Vergiss die Modemagazine! Denn sie

gaukeln uns Menschen etwas vor, was nicht im Entferntesten etwas mit der Realität zu tun hat. Nämlich, dass es besonders wichtig wäre, sehr schlank zu sein, lange Beine zu haben, lange Haare, große Brüste und natürlich einen knackigen Po. Dabei hat dies in der Realität überhaupt nichts damit zu tun, ob eine Frau nun in einer glücklichen Beziehung mit einem tollen, attraktiven Mann ist oder nicht.

Wann bist du eine wirklich attraktive Frau, die auch wir Männer als sehr anziehend empfinden?

Die einfache Antwort: Wenn du dich selbst attraktiv und sexy FÜHLST!

Im Detail:

Man sagt: „Die Augen sind der Spiegel der Seele!“ Und tatsächlich kann keine noch so gut aussehende Frau mit einer anderen Frau mithalten, die ein gewisses „Leuchten“ in den Augen hat und Lebensfreude ausstrahlt.

Ein paar Punkte, auf die es zu achten gilt, sind dir sicherlich klar:

- Du solltest dich gut kleiden.
- Du solltest gut riechen.
- Du solltest absolut gepflegt sein.
- Du solltest einfach auf dein Äußeres achten.

Und bestimmt hast auch du schon in deinem Leben die eine oder andere mollige Frau kennengelernt, die einen sehr attraktiven Mann an ihrer Seite hatte. Warum ist das so?

Weil sie selbst sehr attraktiv ist!

Sie hat vermutlich eine tolle Ausstrahlung. Sie weiß vielleicht, was wir Männer für Bedürfnisse haben, und geht richtig mit uns um. Und vermutlich hat sie eine Einstellung, die jede Frau wirklich attraktiv macht:

Sie findet sich selbst sexy und akzeptiert ihren Körper, so wie er ist!

Ich erinnere mich bei diesem Beispiel an einen One-Night-Stand in meinem eigenen Leben. Ich hoffe, es ist in Ordnung für dich, wenn ich hier ein paar intime Details aus meinem eigenen Leben auspacke, denn so lässt sich am besten veranschaulichen, warum das Aussehen von Frauen ziemlich unwichtig ist, wenn es darum geht, einen tollen Mann zu bekommen.

In dieser Nacht polterte ich recht betrunken mit einer sehr „vollschlanken" Frau aus einem Club heraus. Wir gingen zu ihr, küssten uns, und als ich begann, sie auszuziehen, wollte sie unbedingt das Licht ausmachen. Ich machte mir nicht lange Gedanken darüber und akzeptierte es zunächst einmal.

Als ich nach dem Sex das Licht im Zimmer wieder anmachte, verkroch sie sich unter die Decke und bat mich, ihr ihre Hose zu geben. Es schien, als schämte sie sich für ihren Körper. Und das empfand ich in diesem Moment als sehr merkwürdig.

Es ist vollkommen egal, was für einen Körper du hast. Sei stolz auf ihn! Denn du bist nur dann attraktiv, wenn du dich selbst attraktiv fühlst! Eine ganz einfache Regel, die in jedem Fall gilt. Wenn eine Frau sich selbst nicht attraktiv fühlt, dann kann sie noch so einen „tollen" Körper haben, die Männer werden sich niemals in sie verlieben, sondern sie allerhöchstens als Sexobjekt betrachten.

Wenn du zu deinem eigenen Körper stehst und deinen eigenen Körper liebst, dann werden es auch Männer tun. Falls du jetzt gerade denken solltest: „Das ist ja schön und gut, aber ich fühle mich einfach nicht attraktiv ..." Dann ist dies der komplett falsche Denkansatz.

Ich wiederhole diesen essenziell wichtigen Satz noch einmal, weil er wirklich von so enormer Bedeutung ist:

- ***Ganz egal, wie eine Frau aussieht: Wenn Sie sich selbst akzeptiert und sich als attraktiv und sexy wahrnimmt, dann werden es auch Männer tun!***

Es gibt genügend Frauen, die vielleicht keinen perfekten Körper haben, aber dennoch unglaublich attraktiv auf uns Männer wirken. Und das einzige Geheimnis dieser Frauen ist, dass sie sich selbst als attraktive Person wahrnehmen!

Wenn du also das nächste Mal mit einem attraktiven Mann ins Gespräch kommst und flirtest, dann mache dir bitte keine Gedanken um dein Äußeres. Glaube nicht, dass du eventuell keine Chance bei ihm hättest, weil du nicht aussiehst wie irgendein Topmodel. Sondern genieße einfach die Unterhaltung, lächle, und freue dich, mit einem tollen Mann zu reden. Wenn du dich selbst als attraktive Person wahrnehmen kannst und dabei deinen Spaß hast, wird er genau das Gleiche tun!

Kapitel 6

Wie Frauen uns Männer zu allem verführen können, was sie wollen, wenn sie diese Tipps richtig anwenden

Nun geht es ans Eingemachte. In diesem Kapitel erfährt du ganz konkret, wie du deinen Traumprinzen findest, in seinen Augen attraktiv bist, ihn zum ersten Date/Kuss/Sex verführst und danach vielleicht eine leidenschaftliche Liebesbeziehung beginnt, die ein ganzes Leben lang anhält.

A. Warte! Lass ihn zappeln!

Was glaubst du, wie wir Männer darüber denken, wenn eine Frau sich uns direkt an den Hals wirft?

Du kannst jeden beliebigen Mann dieser Welt fragen: „Glaubst du, dass eine Frau, die sich dir sehr schnell an den Hals wirft, dies auch bei anderen Männern tun wird?"

Und 99,9 % der Männer werden – wenn sie ehrlich zu sich selbst sind – antworten:

„Ja!"

Wir glauben also, dass eine Frau, die sich von uns sehr leicht „verführen lässt", sich auch von anderen Männern ebenso oder ähnlich leicht verführen lässt. Hierdurch verlieren Männer schnell den nötigen Respekt vor einer Frau. Ob dies nun korrekt oder vielleicht falsch ist, lassen wir einmal dahingestellt. Aber so denken Männer! Und kein Mann würde mit der Zahl an

Männern angeben, die seine Frau/Freundin gehabt hat, bevor sie seine Frau/Freundin wurde. Es ist zwar völlig in Ordnung, wenn du einige sexuelle Erfahrungen in deinem Leben gemacht hast. Aber wir Männer wollen uns – wenn es um eine feste Beziehung geht – bei einer Frau absolut sicher sein, das sie uns auch treu ist. Denn wenn du einem Mann untreu bist und er davon erfährt, wird er vermutlich so verletzt sein, dass eure Beziehung nie wieder die alte sein wird.

Und diesen Schmerz wollen wir Männer tunlichst vermeiden. Du erinnerst dich sicherlich an das erste Kapitel. Hier noch einmal zwei Fakten:

1. Wir Männer bemühen uns instinktiv, stets den höchsten sozialen Status in einer Gruppe zu haben.

2. Wir Männer haben ständig einen gewissen Erfolgsdruck.

Wenn sich uns eine Frau allzu leicht an den Hals wirft, wir leichtes Spiel haben und dann instinktiv vermuten, dass diese Frau dies auch genauso bei anderen Männern tun würde, kommt sie für eine feste Beziehung mit hoher Wahrscheinlichkeit nicht mehr infrage.

In dem Satz: „Männer wollen jagen!“, steckt schon eine Menge Wahres! Wenn du einen Mann wirklich verrückt nach dir machen willst, dann solltest du gewisse widersprüchliche Signale von dir geben.

Ganz eindeutige Signale, die so gut wie jeder halbwegs intelligente Mann versteht und aufgrund dieser stark vermutet, dass du Interesse an ihm hast, sind zum Beispiel:

- Du fragst ihn, ob er eine Freundin/Frau hat.
- Du streichelst seinen Körper, z. B. seinen Rücken.
- Du machst ihm Komplimente.
- Du schaust ihm mit einem tiefen Blick in die Augen.
- Du ziehst dich bei einem Date besonders aufreizend an.
- Du lachst ständig über seine Witze.
- Du suchst immer wieder seine körperliche Nähe.

Diese Signale sind tatsächlich gut. Aber du solltest sie mit Bedacht und vorsichtig einsetzen. Sobald ein Mann das Gefühl bekommt, dass er dich „ganz leicht haben könnte“, ist vielleicht sein sexuelles Interesse geweckt, doch mehr vermutlich nicht.

Viel besser ist es, wenn du ihm zwischendurch einmal ein kurzes Signal gibst und dann wieder ganz normal mit ihm sprichst. Der Mann sollte sich fragen:

„Habe ich eine Chance bei ihr oder nicht?“"

Denn das macht eine Frau erst so richtig interessant für uns Männer. Männer wollen kein totes Reh im Wald entdecken. Sie wollen jagen!

Des Weiteren ist es ungemein wichtig, dass du dem Mann auf gar keinen Fall das Gefühl gibst, du wärst auf der Suche nach einer Beziehung. Denn kein Mann hat Lust auf eine bedürftige Frau, die den Anschein erweckt, trotz eigenen Willens noch keinen tollen Mann gefunden zu haben. In solchen Fällen ist es oft besser, einfach einmal zu schweigen.

Es geht schließlich beim ersten Kennenlernen und auch beim ersten Date nicht darum, nun einen „Seelen-Striptease" hinzulegen und ihm von deinen sämtlichen Wünschen zu erzählen.

Ein Mann, der neugierig ist zu erfahren, was du für ein Mensch bist, wird es auch bleiben, wenn du ihm nicht sofort alles Mögliche erzählst, was in dir vorgeht. Eine kluge erwachsene Frau spricht einfach nicht alles sofort aus, was sie denkt, denn es mag vielleicht auf der einen Seite authentisch wirken, aber auf der anderen Seite auch alles andere als geheimnisvoll oder aufregend.

Ich weiß nicht, wie sehr du dich als Kind auf deine Weihnachtsgeschenke gefreut hast. Ich zumindest habe mich immer riesig auf Weihnachten gefreut und konnte die

Bescherung kaum erwarten. Leider hatte ich eine Tante, die es sich zur Angewohnheit gemacht hatte, mir stets ca. zwei Wochen vor Weihnachten zu erzählen, was ich von ihr bekommen würde. Und ganz ehrlich: Ich war vor der Bescherung am Heiligabend stets extrem aufgeregt und gespannt darauf, was ich denn nun bekommen würde. Bis auf das Geschenk von dieser Tante. Vielleicht hat es mich gefreut, dass ich wusste, dieses tolle Geschenk zu bekommen. Aber mit einem Kribbeln und Aufregung hatte das nun wirklich nichts zu tun.

Ein anderes Beispiel: Hast du schon einmal eine Katze gesehen, deren Besitzer ein Wollknäuel vor ihren Augen in alle möglichen Richtungen hält? Eine Katze jagt das Wollknäuel. Sie wird alles tun, um es zu bekommen.

Aber was passiert, wenn man ihr das Wollknäuel einfach hinwirft? Was macht eine Katze dann?

Falls du so ein Spielchen zwischen Katze und Katzenbesitzer schon einmal gesehen hast, kennst du die Antwort: Sie schaut das Wollknäuel ganz kurz an und interessiert sich danach nicht mehr dafür. Sie lässt es liegen. Thema gegessen.

Nein, Männer sind keine Katzen. Und auch keine Kinder (zumindest manchmal nicht) *lach*

Doch wenn du willst, dass sich ein Mann in dich verliebt, dann solltest du bestimmte Gefühle bei ihm auslösen.

Er sollte sich in der ersten Phase des Kennenlernens niemals zu 100 % sicher sein, ob er eine Chance bei dir hat oder nicht. Er sollte es vermuten. Es wäre natürlich auch falsch, ihm komplett gegenteilige Signale zu senden, d. h., ihm das Gefühl zu geben, du fändest ihn unattraktiv. Um Himmels willen, das wäre natürlich eine Katastrophe und würde zu nichts führen.

Es geht einzig und alleine darum, ihm immer einmal wieder ein Signal deines Interesses hinzuwerfen, um danach wieder ganz normal mit ihm zu reden.

Hier ein paar wirkungsvolle, wenn auch etwas manipulative Techniken, die – richtig angewandt – eine sehr effektive Wirkung erzielen:

- Setze dich neben ihn, streichle seinen Rücken, und setze dich kurz darauf wieder weg.
- Schau ihm für einen kurzen Augenblick ganz tief in seine Augen mit einem verträumten Blick, neige den Kopf leicht zur Seite, und schaue danach wieder vollkommen normal.
- Mache ihm zwischendurch ein unerwartetes, ehrlich gemeintes Kompliment, und wechsle daraufhin einfach das Thema.

Dieses Prinzip nennt sich im Englischen Push & Pull und funktioniert, indem du dem Mann etwas Positives gibst, das ihm gefällt, und es ihm danach wieder „wegnimmst". Er wird daraufhin den automatischen Impuls spüren, es wiederhaben zu wollen.

Wenn du also z. B. seinen Rücken streichelst, während du mit ruhiger Stimme mit ihm sprichst und ihm dabei in die Augen schaust, wird er vermutlich denken, dass du jetzt geküsst werden möchtest.

Wenn du dich allerdings nach kurzer Zeit schon wieder wegsetzt, wird er sich Gedanken darüber machen, was du jetzt wohl genau willst. Eine hochwirksame, sehr mächtige Technik, die natürlich nicht unbedingt eingesetzt werden muss, falls sie dir zu manipulativ erscheinen mag. Aber, sie funktioniert unglaublich gut, weshalb ich sie dir auf jeden Fall an die Hand geben wollte.

B. Eine ganz bestimmte Art von Humor

Stellen wir uns die folgende fiktive Situation in einer Bar vor. Mann und Frau sitzen sich gegenüber.

Sie sagt: „Ich suche einen Mann, der mich versteht und mich so nimmt, wie ich bin!"

Daraufhin er: „Aha, ich verstehe, ich glaube, ich hätte da was Passendes für dich!"

Gleichzeitig, während er seine Worte sagt, zwinkert er der Frau zu und nickt mit seinem Kopf zielgerichtet in Richtung eines 90-jährigen Rentners, der gerade völlig betrunken an der Theke eingeschlafen ist, um zu signalisieren, dass sie einmal hinschauen soll.

Jetzt grinst er seine ihm gegenübersitzende Gesprächspartnerin an.

Dabei handelt es sich um eine Art von subtilem Humor, die wir Männer in der Regel über alles lieben. Du magst die Szene mit dem Rentner ebenfalls lustig finden oder auch nicht. Es geht dabei auch gar nicht unbedingt darum, dass du sie komisch findest oder nicht. Es ist eine Art von Humor, die wir Männer sehr gerne untereinander ausleben.

Diese Art von Humor und auch ein gewisser Sarkasmus setzen ein gewisses „blindes Verständnis" voraus, wenn beide Gesprächspartner den Witz wirklich verstehen wollen. Dieses blinde Verständnis und das gemeinsame Lachen über ein und dieselbe Situation, ohne dazu etwas sagen zu müssen, erhöht die Anziehung zueinander selbstverständlich deutlich. Es entsteht einfach das Gefühl, dass die berühmte „Chemie" stimmt.

Ebenso kann es sehr spaßig und gleichzeitig anziehend auf einen Mann wirken, wenn du ihn zwischendurch ein bisschen „neckst", ihm aber gleichzeitig zeigst, dass es nicht ernst gemeint ist. In so einem Fall kannst du zum Beispiel Sätze zu ihm sagen wie: „Ach, du hast doch bestimmt sowieso keinen Erfolg bei Frauen …" Und boxt ihm dabei gleichzeitig leicht gegen seine Schulter. Wichtig ist nur, dass du ihm auf jeden Fall zum Beispiel mit einem kleinen Zwinkern klarmachst, dass du gerade in diesem Moment nur einen Scherz machst, sonst könnte er sich womöglich in seinem Stolz verletzt fühlen, und das ist natürlich das Letzte, was du gerade willst.

C. Gute vs. schlechte Gefühle

In dem Moment, in dem ein Mann sich gerade tatsächlich dazu aufgerafft hat, dich anzusprechen, ist er vermutlich sehr angespannt, auch wenn er sich bemüht, es sich nicht anmerken zu lassen. Falls dich dieser Mann nun interessiert, ist das Beste, was du tun kannst, zuerst einmal freundlich und mit einem Lächeln zu reagieren.

Auch Männer sind meistens sehr schüchterne Wesen. Versuche, den Mann nicht direkt herauszufordern, sondern lasse ihn am besten zuerst einmal in deiner Nähe auftauen. Generell stehen viel zu viele Menschen am Anfang eines Flirts unter Druck und verstellen sich komplett.

Dabei ist es gar kein Problem, wenn zwischendurch einmal ein Moment der Stille entsteht. Das muss keineswegs heißen dass die Chemie nicht stimmt oder dass ihr euch untereinander nichts zu erzählen habt. Ein Moment der Stille kann auch genossen werden. Man schaut sich gegenseitig in die Augen und ist eben einfach für einen Moment ruhig. Wo ist das Problem?

Es geht in einem guten Flirt schließlich nicht darum, irgendwelche Rhetorik-Rekorde zu brechen oder zu beweisen, wie toll, attraktiv oder begehrt man ist, sondern lediglich darum, eine gute Zeit miteinander zu verbringen.

Wenn sich dir also ein wirklich freundlicher Mann nähert, würdest du dir selbst keinen Gefallen damit tun, ihn erst einmal auflaufen zu lassen. Das mag für Männer interessant sein, die entweder ein besonders hohes Selbstvertrauen haben oder es gewohnt sind, mit Frauen zu flirten. Doch für die meisten Männer ist dies eine unglaublich schwere Situation, vor der sie sowieso panische Angst haben. Und jetzt muss dieser Mann sich auch noch darauf konzentrieren, dir gegenüber geschickt zu kontern?

In diesem Fall bist du ihn vermutlich schnell wieder los, weil ihm einfach nichts mehr einfallen wird. Ganz egal, ob du interessiert an ihm bist oder nicht, lasse den Mann erst einmal in deiner Nähe auftauen und gib ihm die Chance zu zeigen, wer er wirklich ist.

Selbstverständlich kannst du auch auf diese Regel verzichten, wenn dir daran gelegen ist, einen wahrhaft wortgewandten und selbstsicheren Mann kennenzulernen. Die meisten Männer sind es allerdings nicht, und du raubst dir damit die Chance, manch wirklich interessanten Mann näher kennenlernen zu können.

D. Warum du innerhalb einer Frauengruppe so gut wie nie angesprochen wirst

Ich gehe einmal davon aus, dass du die ersten zwei Kapitel komplett gelesen hast. Dann sollte dir bereits klar sein, warum so gut wie kein Mann dieser Welt in eine Gruppe von fünf Frauen hineinplatzen wird, um eine davon anzusprechen. Du erinnerst dich sicherlich an die zwei Fakten:

1. Männer haben Erfolgsdruck.

2. Männer versuchen instinktiv, den höchsten sozialen Status in einer Gruppe zu erlangen.

Es ist wohl der größte Albtraum für jeden Mann, von einer Gruppe von Frauen ausgelacht zu werden. Und auch, wenn dies vermutlich nicht passieren würde, werden wir Männer den Teufel tun, uns dem Risiko auszusetzen, in solch einer peinlichen Art und Weise lächerlich gemacht zu werden.

Wenn du also zum Beispiel an einem Abend in einer Bar oder einem Club einen attraktiven Mann entdeckst, von dem du gerne angesprochen werden würdest, dann setze dich ein wenig abseits von deiner Gruppe und lächle ihm zu, oder sprich ihn wie in Kapitel zwei beschrieben an. Die Wahrscheinlichkeit, dass er das Risiko eingeht, dich inmitten deiner Freundinnen bzw. Freunde anzusprechen, ist wirklich sehr gering.

E. Weibliche Voraussetzungen und Eigenschaften, die uns Männer verrückt machen – 100%ige Attraktivitäts-Garantie!

Kommen wir zuerst zu den wohl wichtigsten Voraussetzungen einer attraktiven Frau.

Hierzu zunächst eine grundlegende Frage an dich: Was muss ein Mann auf jeden Fall haben, damit du mit ihm eine feste Beziehung eingehen würdest?

- Viel Geld?
- Gutes Aussehen?
- Freundlichkeit?
- Attraktivität?
- Tierliebe/Kinderliebe?

- Selbstvertrauen?
- Humor?

Klingt alles nicht schlecht, oder? Aber es sind nicht die 2 grundlegenden Voraussetzungen dabei, die für eine gelungene Liebesbeziehung absolut notwendig sind. Sie sind essenziell und gelten für beide Geschlechter gleichermaßen.

Sie lauten:

- ***Eine tolle Liebesbeziehung kann nur harmonisch funktionieren, wenn beide Partner ihr jeweils eigenes Leben im Griff haben!***

Und danach folgt direkt die 2. unabdingbare Regel, die gegeben sein *MUSS*, wenn die Beziehung nicht in einer Katastrophe enden soll:

- ***Beide Partner MÜSSEN ein eigenes Leben haben, das unabhängig vom Partner funktioniert und zufriedenstellt!***

Eine Liebesbeziehung wird also niemals wirklich erfüllt sein, wenn einer der beiden Partner nichts anderes in seinem Leben hat als den Partner/die Partnerin. Wenn dein Leben ohne deinen Freund oder Mann ziemlich trostlos ist, dann kann die Beziehung auf Dauer niemals harmonisch funktionieren. Absolut unmöglich!

Du könntest noch so gut aussehen, attraktiv sein und den besten Humor haben … wenn diese zwei Voraussetzungen in deinem Leben nicht vorhanden sind, wirst du keinen Mann auf dieser Welt in einer glücklichen Beziehung halten können. Das wäre, wie wenn man versuchen würde, ein Haus ohne Fundament zu bauen = zum Scheitern verurteilt!

Vor allem den zweiten Punkt schauen wir uns jetzt am besten einmal etwas genauer an, denn leider machen viel zu viele Frauen den Fehler zu glauben, dass ihr ganzes Lebensglück nur von ihrer Beziehung abhängig wäre.

In solch einem Fall steht und fällt die eigene Lebensqualität komplett mit den Gefühlen und Launen des Partners. Wenn es dem Mann einmal nicht gut geht, geht es der Frau auch nicht gut. Wenn er Probleme hat, hat sie auch Probleme. Und das ist ein sehr gefährlicher Kreislauf, der einzig dafür sorgen kann, dass der Mann sich nach einer gewissen Zeit stark unter Druck gesetzt fühlen wird.

Schließlich hat er jetzt keine glückliche Frau mehr an seiner

Seite, sondern eine Frau, die absolut und ausnahmslos von seinen Launen abhängig ist. Zudem gibt sie ihm ständig das Gefühl, für sie verantwortlich zu sein, und jeder Mann wird sich nach einer gewissen Zeit denken, dass er nicht mit einem Kind in einer Beziehung sein will, sondern mit einer Frau.

Was bedeutet es, ein eigenes Leben neben der Beziehung zu führen?

- Du triffst dich weiterhin mit deinen Freundinnen auch ohne deinen Partner.
- Du hast weiterhin eigene Hobbys, denen du nachgehst.
- Du engagierst dich stark für etwas wie z. B. deinen Beruf.

Es muss unbedingt Dinge in deinem Leben geben, die dich wirklich von Herzen erfüllen und nichts mit deiner Beziehung zu tun haben. Ansonsten steht und fällt alles mit deiner Beziehung, und es lastet ein unglaublicher Druck auf deinem Partner. Diesem Druck kann kein Mann dauerhaft standhalten.

Solltest du also zum Beispiel immer nur den ganzen Tag zu Hause warten, bis dein Partner endlich kommt, um erst dann eine schöne Zeit zu verbringen, läuft in deinem Leben etwas gehörig falsch. Du wärst einfach tausendfach attraktiver für ihn, wenn er nach Hause käme und du bereits einen tollen Tag hinter dir hättest. Oder wenn du glücklich nach ihm nach Hause kommen würdest.

Natürlich – und das will ich nicht verschweigen – gibt es auch Männer, die versuchen, ihre Partnerin „kleinzuhalten" und es am liebsten hätten, wenn die Frau kein Leben neben der Beziehung hätte. Diese Männer leiden grundsätzlich unter einem sehr schwachen Selbstvertrauen und einem Kontrollzwang, der nicht akzeptabel ist. Solche Männer glauben (unbewusst), dass sie ihre Partnerin schnell wieder verlieren, wenn sie nur merkt, dass das Leben ohne sie sehr viel schöner ist. Ein untrügliches Zeichen für ein äußerst schwaches Selbstvertrauen.

Solltest du einmal an so einen Mann geraten, kannst du ihn leider nicht ändern. Das Einzige, was du in einer solchen Situation tun kannst und solltest, ist, die Beziehung zu verlassen, denn es ist sehr unwahrscheinlich, dass er sich von einem auf den anderen Tag ändert, und deine eigene Lebensqualität sollte für dich wirklich die absolut höchste Priorität in deinem Leben haben.

Viel zu viele Frauen lassen sich von ihren Partnern auf der Nase herumtanzen und vordiktieren, wie sie zu leben haben. Doch wer trägt dabei die Verantwortung für dein Leben? Ist es dein Partner, weil er ständig meint, dich bevormunden zu müssen? Oder bist du es, weil du es dir gefallen lässt?

In Wahrheit gibt es nur eine einzige Person, die die Verantwortung für dein Leben wirklich trägt:

Und das bist ausnahmslos du!

Wenn du also merkst, dass ein Mann versucht, über dein Leben zu bestimmen, und dir irgendwelche Regeln vorgeben will, die deine Lebensqualität beeinträchtigen, dann ist der Zeitpunkt gekommen, diese Beziehung zu verlassen.

Okay, wechseln wir einmal wieder die Seiten:

Hast du vielleicht schon einmal in deinem Leben den Fehler gemacht, einem Mann vorgeben zu wollen, wie er leben soll? Was er tun und lassen soll? Welche Dinge er aufgeben und welche er weitermachen soll?

Solche Einschränkungen der Freiheit des Partners können nicht funktionieren und werden unweigerlich zur Trennung oder zu einer unglücklichen Beziehung führen.

Alles, was also jetzt über weibliche Eigenschaften folgt, die uns Männer faszinieren und anziehen, muss auf dem bisher in diesem Kapitel beschriebenem Fundament beruhen!

Wenn du dein eigenes Leben nicht im Griff hast und nicht für dich selbst auch Möglichkeiten hast, neben der Beziehung Dinge zu tun, die dich erfüllen, kann keine Beziehung dieser Welt funktionieren. Zwei unglückliche Menschen werden nicht dauerhaft miteinander glücklich sein. Zwei glückliche Menschen hingegen schon!

Kommen wir nun zu den *weiblichen Eigenschaften*, die wir Männer an Frauen lieben:

❧ *Eine Frau sollte sexy sein!*

Wenn du dieses Buch bis zu dieser Stelle schon komplett gelesen hast, dann weißt du, dass es bei dieser Eigenschaft keineswegs um das Äußere geht. Eine Frau, die wirklich sexy ist, fühlt sich vor allem sexy. Es geht gar nicht darum, dass ihr Körper laut Schönheitsmagazinen in irgendeine Norm passen müsste.

Eine Frau, die sich wirklich sexy fühlt:

- bewegt sich anders,
- spricht anders,
- strahlt etwas anderes aus.

Und keine Sorge, ich meine damit nicht, dass du dies immer und ausnahmslos jeden Tag für dich selbst fühlen müsstest, um sexy zu sein. Das ist ja absolut unmöglich, schließlich hat jeder Mensch auch Tage, an denen er sich einfach nicht so gut fühlt und es nicht so gut läuft. Doch grundsätzlich solltest du lernen, stolz auf deinen eigenen Körper zu sein, ganz gleich, ob du 50, 100 oder 150 kg wiegst.

Und noch einmal, weil es so wichtig ist:

Eine Frau, die irgendwelche idealen Maße und ein symmetrisches Gesicht hat, ist noch lange nicht zwangsläufig sexy! Vermutlich hätten viele Männer gerne einmal Sex mit ihr. Aber das wäre dann auch schon alles.

Du hast sicherlich schon bemerkt, dass es in diesem Buch nicht um Tipps zur Kleidung geht. Allerdings sei kurz dazu angemerkt: Natürlich lieben wir Männer es, wenn eine Frau sich sexy anzieht, ganz egal, was manche Männer auch immer dazu sagen. Viele Männer trauen sich einfach nicht auszusprechen, was sie wirklich wollen, weil sie keinen Ärger riskieren möchten. Doch du kannst dir gewiss sein, dass es jeder Mann auf dieser Welt – zumindest insgeheim – anziehend findet, wenn eine Frau sich für ihn sexy anzieht.

Nächste Eigenschaft:

❧ ***Eine Frau sollte warmherzig sein!***

Was genau ist damit gemeint?

Nun, für eine einzige Liebesnacht ist es vermutlich jedem Mann so ziemlich egal, ob eine Frau warmherzig ist oder nicht. Wenn es allerdings um eine feste Liebesbeziehung geht, wollen Männer eine Frau, die sich auch um ihre Umwelt kümmert. Damit meine ich nicht unbedingt die Natur, sondern vielmehr die Menschen in ihrem direkten Umfeld. Freunde, Verwandte und alle möglichen Leute, die vielleicht zu Besuch kommen.

Im Grunde ist es sowieso eine typisch weibliche Eigenschaft, dass die Frau sich liebevoll um die Menschen um sich herum kümmert und sich immer wieder Gedanken macht, dass es allen möglichst gut geht. Kein halbwegs selbstbewusster Mann auf dieser Welt möchte eine Frau, die ständig nur an sich selbst denkt, keine Kinder mag und einem süßen Babykätzchen statt einem Becher Milch lieber einen Teller Gift hinstellen würde.

Das ist natürlich ein krasses Beispiel. Doch ich denke, du hast genau verstanden, worum es geht. Wir Männer bewundern Frauen dafür, wie sie sich manchmal für ihr Umfeld aufopfern können und dafür sorgen wollen, dass es allen möglichst gut geht.

Wie wichtig ist die Intelligenz?

Ich muss immer wieder schmunzeln, wenn ich mir Meinungsumfragen anschaue, in den Menschen angeben, wie ihr Partner bzw. ihre Partnerin am besten sein sollte. Ein sehr häufiger Faktor, der in solchen Umfragen vorkommt, ist die Intelligenz. Manche Männer glauben sogar, dass sie ausschließlich auf sehr gebildete Frauen stehen. Das heißt Frauen, die viel Wissen in ihrem Leben angesammelt haben und über verschiedene politische und geschichtliche Strukturen Bescheid wissen.

Aber keine Sorge: Du musst weder Akademikerin sein noch alles Mögliche über die Weltgeschichte wissen, wenn du solch einen Mann für dich gewinnen willst.

Das Einzige, worauf es wirklich ankommt, ist deine emotionale Intelligenz, und diese steigerst du bereits beim Lesen dieses Buches, wenn du dir über die beschriebenen Punkte Gedanken machst und für dich selbst beschließt, vielleicht einiges in deinem Leben und an deinen Verhaltensweisen zukünftig besser zu machen.

Kein Mann wird sich wirklich nur zu dir hingezogen fühlen, wenn du ein breites Fachwissen über bestimmte Themen hast. Manche Männer mögen dies von sich selbst glauben, wissen aber in Wirklichkeit überhaupt nicht, was sie an Frauen tatsächlich anzieht und was nicht.

Mit Bildung hat es jedenfalls definitiv nichts zu tun!

Emotionale Intelligenz bedeutet zum Beispiel, dass du es instinktiv merkst, wenn dein Partner gerade genervt oder schlecht drauf ist, und dich liebevoll um ihn kümmerst. Oder, dass du keine absoluten Tabus brichst, wie mit seinen besten Freunden oder Arbeitskollegen zu flirten.

Auch wenn manche Männer behaupten mögen, dass sie mit solchen Situation gut umgehen können, kann es in Wirklichkeit kein Mann.

Emotional intelligent ist es natürlich auch, die Menschen nicht immer beim Wort und vollkommen ernst zu nehmen, sondern auch zwischendurch einfach auf die eigene Intuition zu vertrauen. In bestimmten Situationen auch einmal zurückstecken zu können, obwohl du gerade sauer bist. Keinen Streit vor den Gesprächspartnern deines Partners anzufangen, wenn er gerade dabei ist, einen geschäftlichen Deal über beträchtliche Summen einzufädeln.

Ich denke, du weißt sehr genau, worauf ich damit hinauswill. Die meisten Frauen wissen solche Dinge. Das große Problem ist nur: In der Realität handeln sie anders, wenn sie erst einmal im Kreislauf einer Kette von Fehlern gefangen sind, die sie in einer Beziehung gemacht haben.

Kommen wir zur letzten wichtigen Eigenschaft bzw. Denkweise:

- ***Dein persönliches Ziel ist die Hauptsache … deine Beziehung ein wertvoller und angenehmer Zusatz!***

Es spricht absolut nichts dagegen, wenn deine Liebesbeziehung ein sehr wichtiger Teil in deinem Leben ist, aus dem du Kraft schöpfst. Aber es muss einfach zwingend etwas anderes geben, was dich aus deinem tiefsten Herzen erfüllt. Ich weiß, ich weiß, das hast du eben schon einmal in ähnlicher Form gelesen. Doch wenn es auch nur einen einzigen Punkt gibt, der am allerwichtigsten für eine gelungene Liebesbeziehung ist, dann ist es der, dass beide Partner neben der Partnerschaft ein wirklich erfülltes Leben haben und für sich selbst ihre eigenen Ziele verfolgen.

Eine Frau, die ein Ziel im Leben verfolgt, ist so gut wie

automatisch attraktiv; daran führt fast kein Weg vorbei. Und da dies nicht zu tun, leider einer der meist begangenen Fehler meiner Klientinnen ist, über den die meisten Frauen niemals in ihrem Leben nachgedacht haben, möchte ich ihn hier nochmals so stark betonen. Ich habe während meiner Recherchen für dieses Buch tatsächlich so ziemlich alle Bücher gelesen, die ich über dieses Thema in die Finger bekommen konnte. Doch darüber stand in fast keinem etwas. Und wenn es in irgendeinem stand, dann handelte es sich lediglich um einen kleinen Unterpunkt.. Doch in Wirklichkeit ist es der allerwichtigste Punkt!

Ich kann es so gar nicht verstehen, dass irgendwelche Flirt-Tipps gegeben werden, ohne zunächst einmal das Fundament zu gießen. Wenn das Fundament nämlich erst einmal steht, wird alles andere fast schon von alleine kommen. Die wichtigsten Punkte sind tatsächlich die grundlegenden.

Und ich hätte wirklich ein schlechtes Gewissen, wenn ich es nicht noch einmal erwähnen würde:

- ***Zwei unglückliche Menschen werden zusammen nicht langfristig glücklich!***

Wirklich glücklich miteinander werden zwei Menschen, die bereits ein eigenes glückliches Leben führen!

Kapitel 7

Der entwickelte Mann
Die entwickelte Frau

Es soll jetzt um eine Art von Mann gehen, die sehr selten und meistens heiß begehrt ist. Ich meine damit Männer, auf die die Regeln in diesem Buch sehr stark bzw. fast gar nicht zutreffen.

Was ist damit genau gemeint?

Die Regeln dieses Buches treffen sehr stark zu = Du solltest dich wirklich an alle bzw. fast alle Regeln aus diesem Buch halten, um solch einen Mann halten zu können.

Sie treffen fast gar nicht zu = Diese Männer haben sich so weit entwickelt, dass sie bestimmte Schwächen, die normalerweise so gut wie jeder Mann hat, nur noch zu einem Bruchteil haben.

„Persönlichkeitsentwicklung für Männer" steckt im Grunde noch in den Kinderschuhen. Spezielle Bücher für Männer zu Themen dieser Art gibt es tatsächlich noch gar nicht so lange, da auf diesem Markt bisher nicht viel Bedarf bestand. Doch mittlerweile gibt es immer mehr Männer, die stark daran interessiert sind, an ihrer eigenen Persönlichkeit zu arbeiten, ihre eigenen Schwächen kennenzulernen und für sich selbst ein glücklicheres Leben zu führen.

Wenn ich zum Beispiel daran denke, wie viele Männer mich seltsam anschauen, wenn ich davon erzähle, dass ich

Verführungstrainer bin, und daraufhin glauben, dass sie es selbst nicht nötig hätten, sich aber danach ganz heimlich in meinem Newsletter zu diesem Thema eintragen und meine Produkte kaufen, dann ist deutlich erkennbar, dass viele Männer sich momentan noch schämen, irgendwelche Schwächen zu haben.

Wenn du das erste Kapitel aufmerksam gelesen hast, dann weißt du auch genau warum. Denn für die meisten Männer ist es absolut nicht richtig – glauben sie zumindest –, offen über Schwächen zu reden und dann auch noch daran zu arbeiten. Die meisten Männer können sie sich einfach nicht eingestehen.

Bei Frauen hingegen ist der Gedanke, an sich selbst zu arbeiten, sehr viel weiter verbreitet. So sind beispielsweise in meinem mittlerweile recht großen Unternehmen „Change Media" (zu finden unter www.change-dein-leben.de) über 80 % der Kunden weiblich. In dieser Hinsicht, und das muss ich gestehen, sind Frauen einfach schon sehr viel weiter als wir Männer.

Wenn Frauen eine Schwäche haben, dann erkennen sie diese an, reden darüber und versuchen im besten Fall sogar, daran zu arbeiten. Wenn Männer eine Schwäche haben, dann wollen sie am liebsten nicht darüber reden und auch nicht damit konfrontiert werden. Sie glauben, „das ist nun einmal so, und so bin ich eben."

Doch zum Glück gibt es einige Tausend Männer, die sich bereits vor längerer Zeit auf den Weg zu ihrem eigenen „Ich" gemacht haben. Diese Männer wissen normalerweise darüber Bescheid, dass es eine ganz natürliche Eigenschaft ist, dass wir Männer nach einem hohen sozialen Status gieren. Sie wissen darüber Bescheid, dass wir Männer stets unter einem gewissen Erfolgsdruck stehen. Sie kennen so einige Schwächen, die wir Männer nun einmal an uns haben.

Und jetzt kommt das Wichtigste:

Sie haben gelernt, damit umzugehen!

In diesem Buch hast du bereits so einiges darüber erfahren, wie wir Männer ticken. Dinge, von denen die meisten Männer selbst nicht die geringste Ahnung haben. Und auch dieses Buch ist von einem Mann geschrieben worden. Glaubst du wirklich, dass ich als Autor dieses Buches in den letzten Jahren nicht stark darauf geachtet hätte, an meinen eigenen Schwächen zu arbeiten? Wie sollte ich um Himmels willen sonst mit diesen ganzen Wahrheiten zurechtkommen? *lach*

Wenn ich mir meinen Freundeskreis so anschaue, dann gibt es dort einige sehr starke Männer mit großem Selbstvertrauen. Ein

Mann mit großem Selbstvertrauen ist nicht so leicht verletzbar wie andere Männer. Denn er kann sich selbst reflektieren und ganz anders über eine Situation nachdenken, als es ein Mann könnte, der sich noch niemals mit sich selbst beschäftigt hat.

A. An diese seltenen Männer kommst du nur heran, wenn du selbst „dazugehörst"!

Ich muss nun einen kleinen Haken an diesem Buch offenbaren. Du wirst es zwar durch dein Hintergrundwissen in Zukunft wesentlich leichter dabei haben, einen Mann zu verführen und auch danach zu halten, doch deine Auswahl an Männern wird auch kleiner werden. Denn je mehr du dich mit dir selbst beschäftigst und weiter in deinem Leben „wächst" (und du bist gerade dabei), desto höher werden auch deine Ansprüche an die Männerwelt werden. Es ist eine ganz natürliche Folge von Weiterentwicklung, dass sich auch der eigene Freundeskreis und der Lebenspartner verändern.

Wenn du bald dazu in der Lage bist, den Mann an sich immer besser zu durchschauen, wird vermutlich irgendwann der Punkt kommen, an dem du dies auch von dem Mann an deiner Seite verlangst.

Du wirst lernen, genau zu verstehen, warum er die Dinge tut, die er tut. Und irgendwann wirst du dich fragen, warum er diese Dinge nicht versteht. Er regt sich vielleicht bei einem bestimmten Thema auf, und du weißt gerade ganz genau, dass er verletzt ist. Du sagst es ihm, und er will es nicht einsehen. Für ihn ist das Thema beendet. Er geht vielleicht sogar sauer weg und möchte jetzt alleine sein.

Vielleicht hast du dich in deinem bisherigen Leben öfter gefragt, warum dieser Mann so handelt, wie er handelt. Nun, durch dieses Buch hast du jetzt im Grunde die Antwort immer parat und wirst sie wissen. Wenn deine eigene Persönlichkeitsentwicklung mit der Lektüre dieses Buches nun abgeschlossen wäre, dann wäre dies überhaupt kein Problem. Doch ich vermute einfach einmal, dass du dich eventuell ein wenig motiviert dazu fühlst, an deinen eigenen Schwächen und an deinem Selbstvertrauen zu arbeiten.

Wenn du einen Mann mit wirklich großem Selbstbewusstsein bzw. Selbstvertrauen in dein Leben ziehen willst, dann gibt es ein paar Regeln, die du unbedingt beachten musst, um für solch einen Mann attraktiv zu sein. Entschuldige, dass ich gerade eine so große Sache daraus mache, aber ich gehe einmal davon aus, dass es dir sehr wichtig ist, eine harmonische und ausgeglichene Liebesbeziehung zu führen mit einem absoluten Traummann an deiner Seite. Lass uns also nun herausfinden, ob du jetzt schon bereit dafür bist, einen solchen Mann in deinem Leben halten zu können, falls du das möchtest.

Wenn du einen Mann mit großem Selbstvertrauen haben willst, brauchst du folgende Eigenschaften:

- Du musst selbst ein großes gesundes Selbstvertrauen haben.
- Du solltest nur in einem sehr geringen Maße eifersüchtig sein.
- Du solltest sehr genau verstehen, wie ein Mann psychisch „funktioniert".
- Du solltest dich selbst sehr gut kennen = Selbstbewusstsein (= dir deiner selbst bewusst sein).
- Du solltest einen klaren Lebensinhalt haben, der nichts mit diesem Mann zu tun hat, sodass niemals er dein „Lebensinhalt" sein wird.
- Du solltest dein Leben so weit, wie es dir möglich, ist im Griff haben.
- Du solltest eine glückliche Frau sein.
- Du solltest dich wohl in deinem eigenen Körper fühlen.

Ich hoffe, du kannst gut damit umgehen, dass dieses Buch hier sozusagen kein Blatt vor den Mund nimmt. Denn wenn du einen Mann mit bestimmten Eigenschaften suchst, solltest du in einem gewissen Maße auch selbst über diese Eigenschaften verfügen.

Klar, Gegensätze ziehen sich an. Doch so essenzielle Dinge wie Selbstvertrauen sind damit sicherlich nicht gemeint. Du wirst selten eine langandauernde Beziehung finden, in der zum Beispiel die Frau ein extrem hohes Selbstvertrauen hat und der Mann ein sehr niedriges. Menschen, die lange zusammenbleiben, haben ein etwa ähnliches Maß an Selbstvertrauen.

B. Ein fataler Irrglaube, der zu vielen Missverständnissen führt!

„Ja, ja, ich weiß ja selbst, dass ich mich ändern müsste, aber jetzt erzähle mir endlich, wie ich es anstelle, und dann wird der perfekte Mann schon in mein Leben kommen. Und dann werde ich mich verändern."

Sehr viele Menschen denken, dass es in verschiedenen Lebensbereichen zuerst die Ergebnisse geben müsste und sie sich dann im Nachhinein viel leichter verändern könnten. Ich möchte das gerne an einem Beispiel genauer erklären:

Unzählige Menschen haben am Ende des Monats fast ihr gesamtes Geld ausgegeben. Das, was sie nicht ausgegeben haben, geht für ihre Mietwohnung und alle möglichen Dinge drauf, die sie abbezahlen müssen.

Die meisten dieser Menschen glauben:

„Wenn ich irgendwann einmal reich bin, dann kann ich immer noch sparen!"

Und in Wirklichkeit funktioniert dieses Spiel genau umgekehrt. Die meisten selbst Self-made-Millionäre – und ich habe das Verhalten von Self-made-Millionären nun wirklich über Jahre hinweg studiert – haben angefangen zu sparen, als sie noch sehr wenig hatten. Und als sie dann auf einmal sehr viel mehr Geld hatten, hatten sie sich schon antrainiert, 10 % ihres Geldes auf die Seite zu legen.

Auf der anderen Seite sind erwiesenermaßen über 80 % der Lottogewinner, die über 1 Million Euro gewonnen haben, nach durchschnittlich fünf Jahren pleite. Wie kommt diese Zahl zustande? Ganz einfach: Wenn ein Mensch mit 2000 Euro Monatsgehalt daran gewöhnt ist, bis zum Ende des Monats sein gesamtes Geld auszugeben, wird diese Person das auch mit 50.000 Euro im Monat schaffen.

Dies liegt vielleicht in diesem Moment, während du das hier liest, außerhalb deines Vorstellungsbereichs, aber es ist die Erfahrung, die zahlreiche Menschen in ihrem Leben schon machen mussten.

Es geht also letztendlich nur um die Gewohnheit, die man für sich selbst geschaffen hat.

Und ganz genauso ist es auch im Umgang mit Männern. Wenn du erst einmal einen wirklich tollen Mann hast, glaubst du denn, dass du dich ihm gegenüber ganz anders verhalten würdest, als du es früher getan hast?

Das ist ja nun durchaus ein schöner Gedanke, und er ist absolut menschlich, allerdings leider vollkommen unrealistisch. Du wirst dich ganz genauso verhalten, wie du es auch jetzt im Moment tun würdest. Denn auch dieser neue Mann würde nach einigen Monaten zur Gewohnheit werden, und dein wahrer Charakter und deine echte Persönlichkeit kommen einfach zum Vorschein, das wirst du nicht verhindern können.

Wirf also vielleicht jetzt einmal einen kurzen Blick auf deine vergangenen Beziehungen und frage dich nicht, was der Mann bzw. die Männer falsch gemacht haben, sondern, was du selbst falsch gemacht hast. Ich weiß, so ein Rückblick kann tatsächlich manchmal etwas wehtun, aber er ist oft Gold, Silber und Platin zugleich, wenn man zukunftsorientiert denkt. Welche Fehler hast du vielleicht bei diesen Männern gemacht – unabhängig davon, welche Fehler diese Männer gemacht haben?

Wenn du dich nicht veränderst, wirst du vermutlich die gleichen Fehler auch bei einem anderen, tolleren Mann erneut machen. Diesbezüglich hatte ich vor ein paar Wochen ein längeres Gespräch mit einer liebgewonnenen Klientin von mir. Sie hatte in den letzten zwei Jahren wirklich sehr große Fortschritte gemacht. Und mit ihrem neuen Freund schien auch tatsächlich alles besser zu laufen, als es jemals zuvor in ihrem Leben mit irgendeinem Mann gelaufen war. Doch nach sechs Monaten Beziehung begann sie, wieder die alten Fehler zu begehen:

- Sie fragte ständig nach, wo er war, was er machte und warum …
- Sie kritisierte ihn …
- Sie lobte ihn überhaupt nicht mehr und zeigte ihm, dass er ein Taugenichts ist.

Diese Fehler hatte sie bereits bei ihren früheren festen Beziehungspartnern immer wieder gemacht, und teilweise traf Ihre Kritik dort sogar zu. Ihren neuen Partner liebt sie allerdings sehr, und sie kann ihr eigenes Verhalten gar nicht verstehen. Sie meinte, in den ersten Monaten lief es noch sehr gut, und plötzlich wie von einem auf den anderen Moment setzten sich wieder ihre alten Verhaltensweisen durch. Zum Glück rief sie mich rechtzeitig an, sodass wir die Situation klären konnten.

Die Lösung eines solchen Problems ist im Grunde ganz einfach:

Wenn du die alten Verhaltensweisen eigentlich geändert hast, diese aber wiederkommen, dann musst du dich immer und immer wieder daran erinnern, was jetzt die richtige Verhaltensweise wäre. In deinem Fall, liebe Leserin, wäre es zum Beispiel, einfach nochmals zu diesem Buch zu greifen, sobald ein Problem mit einem Mann auftritt, das in diesem Buch hier geklärt wurde. Indem du dir die Sache wieder bewusst machst, kannst du dich daraufhin wieder zusammenreißen und anders verhalten.

Was hat das für eine Langzeitwirkung?

Ganz einfach: Es ist mittlerweile wissenschaftlich bewiesen, dass unser menschliches Gehirn lernfähig bis ins hohe Alter ist. Die frühere Annahme war, dass die Gehirnzellen vom Moment der Geburt an einfach nur absterben.

Heute dagegen weiß die Neuro-Forschung, dass unser Gehirn tatsächlich dazu in der Lage ist, bis zum Tode immer weiter zu lernen.

Und wenn du eine Verhaltensweise nur oft genug durchführst, wird sie zu einer festen Gewohnheit und so stark in deinem Gehirn verankert, dass du sie schon automatisch durchführst. So können extrem eifersüchtige Menschen einen Prozess anstoßen, der dafür sorgt, dass sie nur ein paar Monate später schon wesentlich weniger eifersüchtig und ein paar Jahre später überhaupt nicht mehr eifersüchtig sind.

Übrigens, der Vollständigkeit halber: Eine gewisse Eifersucht kann sogar sehr „ süß“ sein. Es ist absolut nicht tragisch, zwischendurch ein wenig eifersüchtig zu sein. Wovon ich hier schreibe, ist krankhafte Eifersucht, und diese ist tatsächlich sehr schädlich für eine gesunde Liebesbeziehung.

Du kannst also für dich selbst davon ausgehen, dass du manche Fehler, die du in der Vergangenheit im Hinblick auf Männer gemacht hast, auch in Zukunft noch ansatzweise machen wirst. Wenn du dich dann allerdings wieder an die Dinge erinnerst, die du zum Beispiel in diesem Buch hier gelernt hast, und dir das Buch bzw. den betreffenden Absatz in solchen Momenten einfach noch einmal durchliest, wirst du wieder anders handeln. So entsteht eine neue Gewohnheit, und dadurch ist es sogar möglich, dass eine Frau, die bisher ein absoluter „Albtraum“ für Männer war, in Zukunft eine unglaublich attraktive und charmante Verführerin sein wird.

Und wenn es nur einen einzigen Punkt aus diesem Buch gäbe, den du für dich persönlich mitgenommen hast, dann bitte den folgenden:

Du kannst immer nur einen Mann in dein Lebens ziehen, der von seiner persönlichen Entwicklung her ungefähr so weit ist wie du. Eine Frau, die selbst kein großes Selbstvertrauen hat, wird in der Regel keinen Mann bekommen können, der ein sehr hohes

Selbstvertrauen hat. Das Schöne ist allerdings, dass du selbst an dir arbeiten und dich weiterentwickeln kannst. Somit stehen dir tatsächlich alle Türen offen, ganz egal, wo du gerade in deinem Leben stehst.

C. Der erste Flirt zwischen einem entwickelten Mann und einer entwickelten Frau

Aufgrund der Vollständigkeit darf dieser Abschnitt hier keineswegs fehlen.

Wenn du es mit einem Mann mit wirklich großem Selbstvertrauen zu tun hast, dann darfst du ihn beim Flirten sehr gerne auch herausfordern. Du musst in solch einem Fall nicht unbedingt besonders freundlich sein oder ihn erst einmal auftauen lassen.

Diese Art Mann macht sich keine großartigen Gedanken darüber, was passieren würde, wenn er jetzt einen Korb bekäme. Er ist locker, charmant, witzig, selbstbewusst und noch nicht einmal besonders nervös, wenn er mit einer Frau spricht. Solche Männer sprechen Frauen eher mit einer gewissen „skeptischen“ Grundhaltung an, um zunächst zu testen, ob die Frau etwas für sie wäre. Wenn du solch einem Mann einmal begegnest und er sich für dich interessiert, kannst du viele Regeln aus diesem Buch hier vergessen.

Da diese Männer allerdings extrem und zwar wirklich extrem selten sind, wollen wir uns nicht länger mit diesem Thema aufhalten.

Solltest du solch einem Mann einmal begegnen: Herzlichen Glückwunsch!

Du kannst im Grunde immer sehen, wie dein eigener Entwicklungsstand ist, wenn du dir den Partner anschaust, mit dem du gerade in einer Beziehung bist! Bist du stolz auf ihn?

Dann bist du vermutlich auch stolz auf dich!

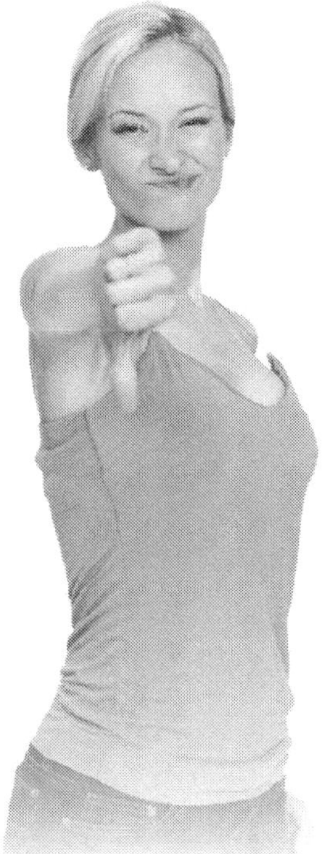

Kapitel 8

Die 7 schlimmsten Fehler, die Frauen im Umgang mit Männern viel zu oft machen!

Eine erfüllte Liebesbeziehung zu führen, ist natürlich kein Kunststück. Unter bestimmten Voraussetzungen kann es definitiv jeder Mensch. Dass wir uns im letzten Kapitel nochmals um die sieben schlimmsten Fehler kümmern, die du beim Umgang mit einem Mann machen kannst, den du für eine Beziehung gewinnen willst oder bereits für eine Beziehung gewonnen hast, liegt einfach daran, dass es oft sehr nützlich ist, bestimmte Fehler für sich selbst zu erkennen und abzustellen. Denn erst, wenn du einen Fehler wirklich erkannt hast, kannst du bewusst daran arbeiten, ansonsten ist es unmöglich.

Hierbei dient dieses Kapitel als eine Vertiefung und Zusammenfassung dieses Buches. Begehe diese Fehler nicht, und du darfst dir sicher sein, so gut wie jeden tollen Mann in einer glücklichen Liebesbeziehung halten zu können.

Vielleicht erkennst du dein Verhalten ja in einem der folgenden sieben Fehler wieder und kannst den Fehler in Zukunft abstellen. Man kann nämlich tatsächlich oft viel mehr falsch als richtig machen. Fürchterlicher Satz, oder? Aber er ist komplett anders gemeint, als man im ersten Moment vielleicht denken könnte.

Denn: Das Wichtigste, was du mit deinem Schatz gemeinsam tun solltest, ist es, eure gemeinsame Zeit zu genießen und zusammen glücklich zu sein!

A. Der sofortige Seelen-Striptease

Über 90 % der Sorgen, die sich die meisten Menschen machen, werden glücklicherweise niemals Realität. Es ist eine absolut normale menschliche Eigenschaft, Angst vor Ereignissen zu haben, die noch gar nicht eingetreten sind und in Wirklichkeit sogar unwahrscheinlich sind.

Doch offenbar scheinen viele Menschen zu glauben, dass es so etwas wie eine „Meldepflicht" für solche Gedanken und Sorgen gäbe. Und wenn man einmal solche Gedanken hat, dann sollten am besten alle im direkten Umkreis Bescheid wissen, vor allem der Lebenspartner. Und wenn er dann auch noch beginnt zu erklären, dass alles gar nicht so schlimm sei, dann macht das vielleicht erst richtig wütend.

Sie: „Warum nimmst du mich bloß nicht ernst?"

Er versucht weiterhin locker zu bleiben und sagt zu ihr, sie solle sich bitte nicht so große Sorgen machen, und es würde schon alles gut werden. Sie kann gar nicht fassen, weshalb er mit solch einer brenzligen Situation nur so locker umgehen kann, und beginnt, sich aufzuregen. Sie sagt immer wieder, dass er sie nicht ernst nehmen würde und sich überhaupt nicht über die Lage bewusst sei.

Oft machen manche Frauen – in Männeraugen – wegen Kleinigkeiten einen großen übertriebenen „Aufstand“, der gar nicht sein müsste. Sie fühlen sich von ihrem Partner nicht ernst genommen, obwohl dieser sie vielleicht sogar ernst nimmt.

Darum jetzt und hier eine vielleicht sehr wichtige Empfehlung:

Vertraue darauf, dass dein Freund oder Mann dich ernst nimmt!

Ganz ehrlich: Er wird es vermutlich tun, sonst wäre er nicht mit dir zusammen und würde sich nicht regelmäßig mit dir treffen bzw. bereits mit dir zusammenwohnen. Denn erst, wenn du darauf vertrauen kannst, wird es auch wirklich so sein.

Wie soll man denn einen Menschen ernst nehmen, der einem ständig unberechtigterweise vorwirft, dass man ihn/sie nicht ernst nehmen würde? Das ist so gut wie unmöglich. Diesen Fehler machen natürlich nicht alle Frauen, und zwischendurch kann es sogar ganz süß sein. Doch aus meiner männlichen Sicht heraus kann ich dir gerne bestätigen, dass wir Männer viele Dinge, die unser Leben nicht besonders beeinflussen, als Kleinigkeiten ansehen, um die wir uns nicht weiter kümmern müssen. Das meinen wir nicht böse. Wir verstehen auch gerne das Problem.

Aber Männer und Frauen haben eine komplett unterschiedliche Sichtweise auf Probleme. Hier ein kleines Beispiel:

Ein Mann kommt von der Arbeit nach Hause und wird von seiner Frau freudig begrüßt. Nun erzählt sie ihm von einem Problem.

Preisfrage an dich: Was wird der Mann versuchen zu tun?

Überlege bitte einmal für einen kurzen Moment ganz genau, denn die Antwort liegt im Grunde auf der Hand, und so gut wie jeder Mann wird sie bestätigen.

Na, hast du eine Ahnung?

Die Antwort: Er wird versuchen, das Problem zu lösen!

Er wird nicht lange über das Problem sprechen, sondern es so schnell wie möglich lösen wollen. Er geht in diesem Moment davon aus, dass du wieder glücklich bist, sobald das Problem gelöst ist, und dann wird auch er wieder glücklich sein.

Was ist ein absolut normaler weiblicher Gedanke in

dieser Situation?

Ganz klar, die Frau denkt:„Er hört mir ja überhaupt nicht zu. Ich wollte ihm gerade ausführlich von meinem Problem erzählen, und er redet die ganze Zeit von etwas ganz anderem, anstatt mir einmal aufmerksam zuzuhören.“

Während die Frau gerne darüber sprechen möchte und sich freuen würde, wenn er ihr zuhören würde, glaubt der Mann ganz fest daran, dass sie erst wieder glücklich sein wird, wenn das Problem gelöst ist. So entstehen ungemein viele Streitereien in Liebesbeziehungen, weil beide Partner einfach komplett aneinander vorbeireden. Er ist sauer, weil er denkt, dass sie ihr Problem nicht lösen will. Sie ist sauer, weil er ihr scheinbar nicht zuhört. Dabei wollen eigentlich beide, dass die andere Person glücklich ist, und es herrscht nichts weiter als ein großes Missverständnis zwischen beiden Parteien.

Du würdest dem Mann in solch einer Situation sehr helfen, wenn du einfach zu ihm sagst: „Ich möchte dir grade nur was erzählen und gerne mit dir ein vertrautes Gespräch führen. Wie wir das Problem lösen, können wir gerne später besprechen.“

Dann weiß der Mann, woran er ist, und kann sich auf eine völlig andere Art und Weise auf das Gespräch einlassen.

Allerdings ist es auch in dieser Hinsicht sehr wichtig, dass du weibliche Freundinnen hast, mit denen du dich über deine Probleme unterhalten kannst. Denn eine Frau, die ihren kompletten Fokus im Leben auf ihren Partner legt, wird mit Sicherheit nicht anders können, als ihm von allen ihren Problemen und jeglichen Kleinigkeiten in ihrem Leben zu erzählen.

Natürlich gehört so etwas zu einer Beziehung dazu. Es ist ein Beweis von Vertrauen, wenn man dem Partner von bestimmten Problemen im eigenen Leben erzählen kann, und es tut sicherlich gut, wenn er aufmerksam zuhört. Aber nur bis zu einer gewissen Grenze. Es gibt einfach bestimmte Dinge, die du lieber deinen Freunden und Freundinnen erzählen solltest als deinem Partner.

Vor allem, wenn du einen neuen Mann frisch kennenlernst, ist es sehr ratsam, ihm auf gar keinen Fall von irgendwelchen Problemen zu erzählen. Selbst wenn du in diesem Moment bestimmte Probleme in deinem Leben hast, die dich beschäftigen, macht er sich am Anfang natürlich ein Bild von dir. Und welches Bild willst du erzeugen? Vor allem während der allerersten Treffen ist es ratsam, so wenig wie möglich von irgendwelchen Problemen zu erzählen, sondern eine möglichst schöne Zeit miteinander zu genießen.

B. Ihn emotional einsperren (auch am Anfang)

Sie: „Und was macht dein Vater beruflich?“

Er: „Mein Vater ist schon längst Rentner, 89 Jahre alt und ist im Altersheim.“

Sie: „Und wie oft gehst du ihn besuchen?“

Er: „Zweimal im Monat!“

Sie: „Findest du das nicht ein bisschen zu wenig?“

Klipp und klar ausgedrückt: Lasse ihm die vollkommene Freiheit, zu tun und zu lassen, was er möchte. Manche Frauen versuchen, einen Mann bereits beim Kennenlernen zu ändern, und tatsächlich gibt es teilweise Männer, die sich so etwas gefallen lassen. Diese Männer denken dann so etwas wie: „Vielleicht hat sie ja einen guten Einfluss auf mich ...“ Aber sie hassen es trotzdem insgeheim, sich ständig rechtfertigen zu müssen. Es liegt vermutlich auf der Hand, dass kein Mann auf dieser Welt es als seine Lieblingsbeschäftigung ansieht, sich zu rechtfertigen, aber auch dies ist eine der eigentlich offensichtlichen Tatsachen, die viele Frauen scheinbar missverstanden haben.

Diese Frauen glauben, dass der Mann ohne sie nicht

zurechtkäme, und versuchen, sich in allen möglichen Lebensbereichen in sein Leben auf eine Art und Weise einzumischen, dass es wirklich nicht mehr feierlich ist. Ich meine damit noch nicht einmal die wichtigen Punkte.

Und selbst bei wichtigen Punkten ist es oft ratsam, sich einfach herauszuhalten und den Mann machen zu lassen. Was hier aber vor allem gemeint ist, sind die etlichen Kleinigkeiten und vielleicht Fehler in seinem Leben, die er nun einmal macht … die wir Menschen nun einmal alle machen!

Vielleicht mag ein Mann dich so gerne, dass er eine Zeit lang über die Tatsache hinwegsehen kann, dass du ständig versuchst, ihn zu ändern. Das kann durchaus sein, wenn ich auch in diesem Buch keiner einzigen Frau raten möchte, irgendeine Art von Perfektionismus anzustreben. Natürlich kann man sich nicht immer an alle Regeln halten, und natürlich macht man Fehler. Doch tatsächlich ist es wirklich einer der schlimmsten Fehler, einem Mann ständig vorschreiben zu wollen, was er zu sagen und wie er sich zu verhalten hat.

Er ernährt sich ungesund? Dann ist das Einzige, was du für ihn tun kannst, zwischendurch gesund zu kochen. Vielleicht kommt er selbst auf die Idee, dass ihm das gesunde Essen sehr gut tut!

Er hat irgendwelche sinnlosen Macken oder Fehler an sich,

die er eigentlich ganz einfach abstellen könnte? Dann ist es ganz wichtig, dass du für dich selbst weißt, dass er – und nur er – ganz alleine darauf kommen und sie ganz alleine ändern muss.

Du kannst so einen Punkt auch gerne einmal ansprechen, denn es ist ja nicht so, dass wir Männer uns grundsätzlich davor verschließen, etwas in unserem Leben zu verändern oder zu verbessern.

Sicherlich ist der eine oder andere Mann auch offen für Feedback und Hilfestellungen. Aber du solltest sie ihm wirklich nur geben, wenn er auch tatsächlich dafür offen ist; alles andere macht leider überhaupt keinen Sinn und schadet der Beziehung mehr, als es ihr nützt.

C. Seine Freunde in deinen Plan einspannen

Durch meine zahlreichen Coachings mit etlichen Männern und Frauen musste ich oft genug die Erfahrung machen, dass manche Frauen es tatsächlich fertigbringen, den besten Freund ihres Partners anzurufen, um mit ihm darüber zu reden, was der Partner besser machen bzw. wie man die Beziehung noch verbessern könnte.

Für uns Männer gibt es für solch eine Handlung nur ein einziges Wort:

Hochverrat!

So ist es zum Beispiel auch so, dass du dich von den Freunden deines Partners selbst dann fernhalten solltest, wenn eure Beziehung bereits vorbei ist oder ihr vorübergehend getrennt seid und du ihn zurückhaben wolltest. Das macht keinerlei Sinn. Wenn du mit seinen männlichen oder weiblichen Freunden gerne Kontakt haben möchtest, dann prüfe zuerst nach, ob er damit einverstanden ist.

D. Die Beziehung regieren

Kürzlich rief ich einen alten Freund von mir an. Als wir beide 18 Jahre alt waren, machten wir das erste Mal zusammen Urlaub auf Mallorca. Kurz danach trennten sich unsere Wege auch ziemlich abrupt. Er hatte eine neue Freundin gefunden, sie wurde sehr schnell schwanger, und er traf sich seitdem nicht mehr mit seinen Freunden und ging auch nicht mehr mit ihnen weg. Man konnte ihn nicht mehr einfach anrufen und ihn fragen, ob er z. B. am Samstagabend Zeit und Lust für ein paar Drinks in einer Bar hätte.

Als ich ihn nun anrief, ging seine Freundin ans Telefon. Ich fragte sie nur kurz, ob ich ihn sprechen könnte. Sie antwortete: „Nein, wir sitzen gerade beim Essen, ruf doch bitte später wieder an."

Gestern bekam ich dann eine E-Mail von ihm. Er hat sich nun nach fast zehn Jahren Beziehung von dieser Frau getrennt, weil es einfach nicht mehr ausgehalten hat, ständig bevormundet zu werden. Und er hat diesen Missstand tatsächlich sehr lange mitgemacht. Die meisten Männer, die ein halbwegs gesundes Selbstvertrauen haben, würden solch ein Verhalten von einer Frau wirklich nicht lange aushalten.

Im Grunde war er für sie gar nicht so wichtig, denn sie war die mit riesengroßem Abstand allerwichtigste Person in ihrem Leben, und nach ihrem Weltbild sollte sich alles und zwar ausschließlich alles nur um sie drehen.

Wenn er abends geschafft von der Arbeit kam, erzählte sie ihm erst einmal von ihrem Tag. Sie fragte nicht interessiert nach, wie es ihm so ging und was er so erlebt hatte, Nein, wenn es einer Person wirklich gut gehen sollte, dann war es nach ihrer Meinung sie selbst.

Dafür hatte sie eine Zeit lang tatsächlich den richtigen Mann an ihrer Seite. Er ließ sich alles Mögliche von ihr gefallen und hinterfragte diese Situation auch nicht. Für ihn war es vollkommen normal, dass er ihr zu „dienen“ hatte. Aber in den letzten Jahren gewann er mehr Selbstvertrauen und verstand, dass er erstens ein Mann und zweitens etwas wert ist. Aus diesem Grund konnte er sich nicht länger gefallen lassen, wie sie ihn behandelte.

Als er sie mehrfach darauf aufmerksam machte, dass sie keine Entscheidungen mehr über seinen Kopf hinweg fällen solle, verstand sie ihn zunächst. Verhielt sich aber in der Realität wieder komplett anders.

Im Leben ist es oft eine tolle und beliebte Eigenschaft, erst dem anderen Menschen zuzuhören, bevor man selbst spricht. Diese Fähigkeit solltest du nicht nur von deinem Partner verlangen, sondern auch von dir.

E. Ständige Gefühlsschwankungen auf seinem Rücken ausleben

Es gibt immer wieder Männer, die sich Sorgen darum machen, was genau passieren wird, wenn sie nach Hause zu ihrer Freundin oder Frau kommen.

Wie wird sie gelaunt sein?

Vielleicht sehr gut?

Oder ist sie heute einmal wieder besonders schlecht drauf und lässt dann alles an mir aus?

Manchmal regt man sich über irgendetwas im Leben auf und kann es nicht sofort herauslassen. Wenn es beispielsweise bei der

Arbeit oder in irgendeinem Bereich des Privatlebens Probleme gibt, kann man vielleicht nicht immer sofort darauf reagieren bzw. seine wahren Emotionen offen zeigen.

Dies machen viele Menschen allerdings dann gerne, wenn sie es mit einem Menschen zu tun haben, den sie sehr gut kennen. Schließlich hat man schon so einiges miteinander erlebt, und somit fällt es sehr viel leichter, emotional zu werden. Dieses Beispiel kannst du natürlich auf beide Geschlechter beziehen. Ein Mann, der zum Beispiel gerade von der Arbeit kommt und dich völlig zu Unrecht anmeckert, sollte in diesem Fall einfach nicht zu ernst genommen werden.

Genauso rate ich es auch meinen männlichen Teilnehmern im Verführungscoaching. Und in sehr vielen Fällen reicht dieser Tipp auch aus, um eine harmonische Beziehung miteinander führen zu können. Es gibt allerdings auch ein paar Beispiele von Frauen (und natürlich auch von Männern), die dazu in der Lage sind, einem Mann die wahre Hölle auf Erden zu bereiten.

Nun, wir Menschen sind alle emotional, und was kann man denn in einer Situation tun, in der man wirklich nicht gut drauf ist? Es ist ganz leicht! Falls es Momente in deinem Leben gibt, in denen du dich einfach nicht zusammenreißen kannst und eventuell sogar beinahe beleidigend wirst, gehe den Menschen, die du wirklich liebst, schlicht aus dem Weg. Das ist sicher nicht immer und ausnahmslos möglich, und in so ziemlich jeder guten Beziehung oder Ehe gibt es natürlich auch hin und wieder Streit und es werden unfaire Dinge gesagt.

Doch im Grunde ist es ganz leicht, einen Mann für immer zu vergraulen. Schreie ihn ganz einfach regelmäßig an, und beleidige ihn mit unfairen Argumenten. Kein Mann wird sich das dauerhaft gefallen lassen.

F. Den Respekt verlieren

Wirklich starke und selbstbewusste Männer müssen vielleicht nicht jeden Tag ein Lob hören, aber es ist für uns Männer von essenzieller Bedeutung, dass die Frau an unserer Seite uns wahrhaft von ganzem Herzen schätzt und uns das auch zeigt bzw. sagt.

Wenn du einen wirklich treuen und tollen Mann an deiner Seite haben möchtest, dann musst du ihm natürlich nicht jeden Tag ein Liebesgeständnis machen, aber hin und wieder solltest du ihm sagen, dass er zum Beispiel „ein ganz besonderer Mann für dich ist".

Wenn es aber tatsächlich schon so weit gekommen ist, dass einer der beiden Partner den Respekt vor dem anderen verloren hat, dann ist es zu spät. Wenn es nur einen einzigen Punkt gibt, der für eine Liebesbeziehung wirklich elementar ist, dann ist es gegenseitiger Respekt und eine gewisse Hochachtung voreinander.

Kein Mann auf der Welt wird sich gut bei dem Gedanken fühlen, eine Frau an der eigenen Seite zu haben, die ihn nicht von ganzem Herzen schätzt.

G. Ihn nicht als Mann behandeln

Bei meinen Recherchen für dieses Buch habe ich etliche Frauen, die bereits lange in einer glücklichen Beziehung sind, gefragt, was denn ihr Geheimnis sei. Die Antwort, die ich am meisten hörte?

Hier ist sie:

- ***„Man muss den Mann einfach Mann sein lassen!"***

Ich bin mir ziemlich sicher, dass du mittlerweile schon sehr genau weißt, was mit diesem Satz gemeint ist, denn du hast das Buch schließlich schon bis zu dieser Stelle gelesen.

Die wichtigsten drei Merksätze, die du unbedingt beachten solltest, damit du diese universelle Wahrheit in Zukunft immer beachtest und den Mann tatsächlich Mann sein lässt:

1. **Lasse ihm seine Fehler und Macken und akzeptiere sie, anstatt sie ändern zu wollen!**

2. **Lasse ihm seine vollkommene Freiheit und schränke ihn in keiner Weise ein!**

3. **Gib ihm das Gefühl, dass er für dich ein besonders toller Mann ist!**

Und nun möchte ich dich um deine volle Aufmerksamkeit für die folgenden letzten Zeilen in diesem Buch bitten! ;-)

Nachwort

Eine erfüllte Liebesbeziehung ist sicherlich eine der wertvollsten Dinge, die es im Leben gibt. Sie gibt Sicherheit, Kraft, spendet Trost, und ein toller Mann an deiner Seite kann tatsächlich wie ein Fels in der Brandung sein.

Du musst ihn nur machen lassen. Du solltest ihm vertrauen. Du solltest ihn genau so, wie er ist, bedingungslos lieben.

Im Grunde ist dies schon (fast) das ganze Geheimnis.

Es gibt so einige Frauen, die einen tollen Mann an ihrer Seite haben und mit denen ich lange darüber sprechen durfte, wie sie das geschafft haben. Und etwas haben sie alle gemeinsam:

Sie lassen ihren Mann machen! Er hat seine vollkommene Freiheit. Je mehr Freiheit ein Mann in seinem Leben hat, desto weniger wird er diese Freiheit ausnutzen wollen. Je mehr du allerdings versuchst, einem Mann „seinen Platz“ klarmachen zu wollen, desto mehr wird er rebellieren und ganz andere Dinge wollen, als es eigentlich dein Ziel ist.

Im Übrigen kann ich dir leider nicht versprechen, dass der nächste Mann, den du dir aussuchen wirst, zu 100 % der richtige sein wird. Ich möchte ganz ehrlich zu dir sein, vielleicht braucht es noch etwas Zeit auf dem Weg zu deinem Traumprinzen. Doch eins versichere ich dir von ganzem Herzen:

Wenn du sämtliche Inhalte dieses Buches wirklich verstanden hast und bereit bist, sie für dich selbst zu verinnerlichen, dann wirst du deinen Traumprinzen nicht nur finden, lieben und froh sein, dass er an deiner Seite ist.

Auch er wird es sein!

Er wird stolz und glücklich darauf sein, eine so unglaublich tolle, warmherzige und liebevolle Frau wie dich an seiner Seite zu haben. Eine Frau, die ihn schätzt, und liebt …

… obwohl sie ihn kennt!

Ich wünsche dir von Herzen alles Liebe für deine Zukunft!

Dein Danny Adams

1932622R00072

Printed in Germany
by Amazon Distribution
GmbH, Leipzig